U0680678

環地福分類字課圖說

㈤

汽 上

卯既切、音氣、沸水所化也、

水汽　汽機

汽、蒸氣也、西人汽機、以有底鐵管盛水少許、內置活塞、下燃以火、水熱汽漲、則活塞頂起、一起一落、運動機器、皆賴此也、

機 平

居依切、音幾、機發動所由也、機械巧術也、

火機　機器

泰西機器、為全球之利用、大者如輪船火車之類、小者如鐘表之類、皆有機關旋轉、運動自然、中國雖已仿行、惜未得其奇巧、故獲利頗難、

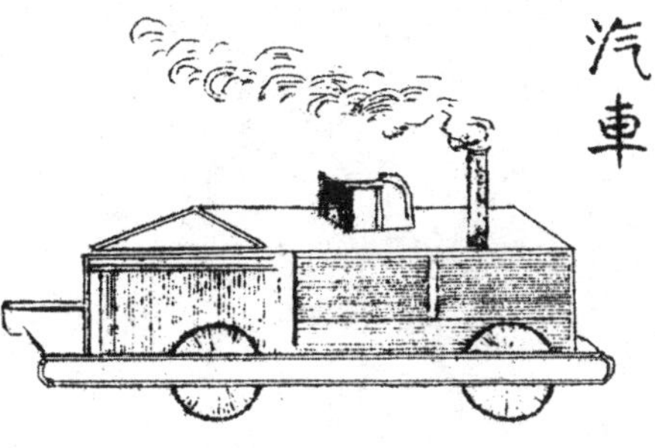

汽車

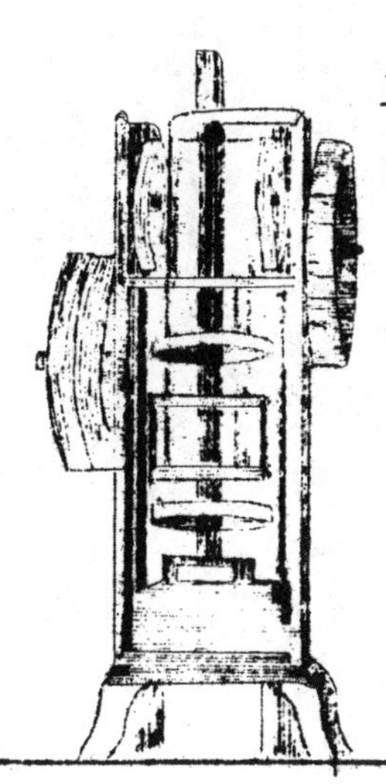

輪機

輪 平

龍春切、音倫、綸也、言瀰綸周帀也、

車輪　輪盤

說文、有輻曰輪、無輻曰輇、攷工記、察車自輪始、言車行以輪也、西人機器、有軋輪、櫳輪、齒輪之類、以便於行止也、

風輪

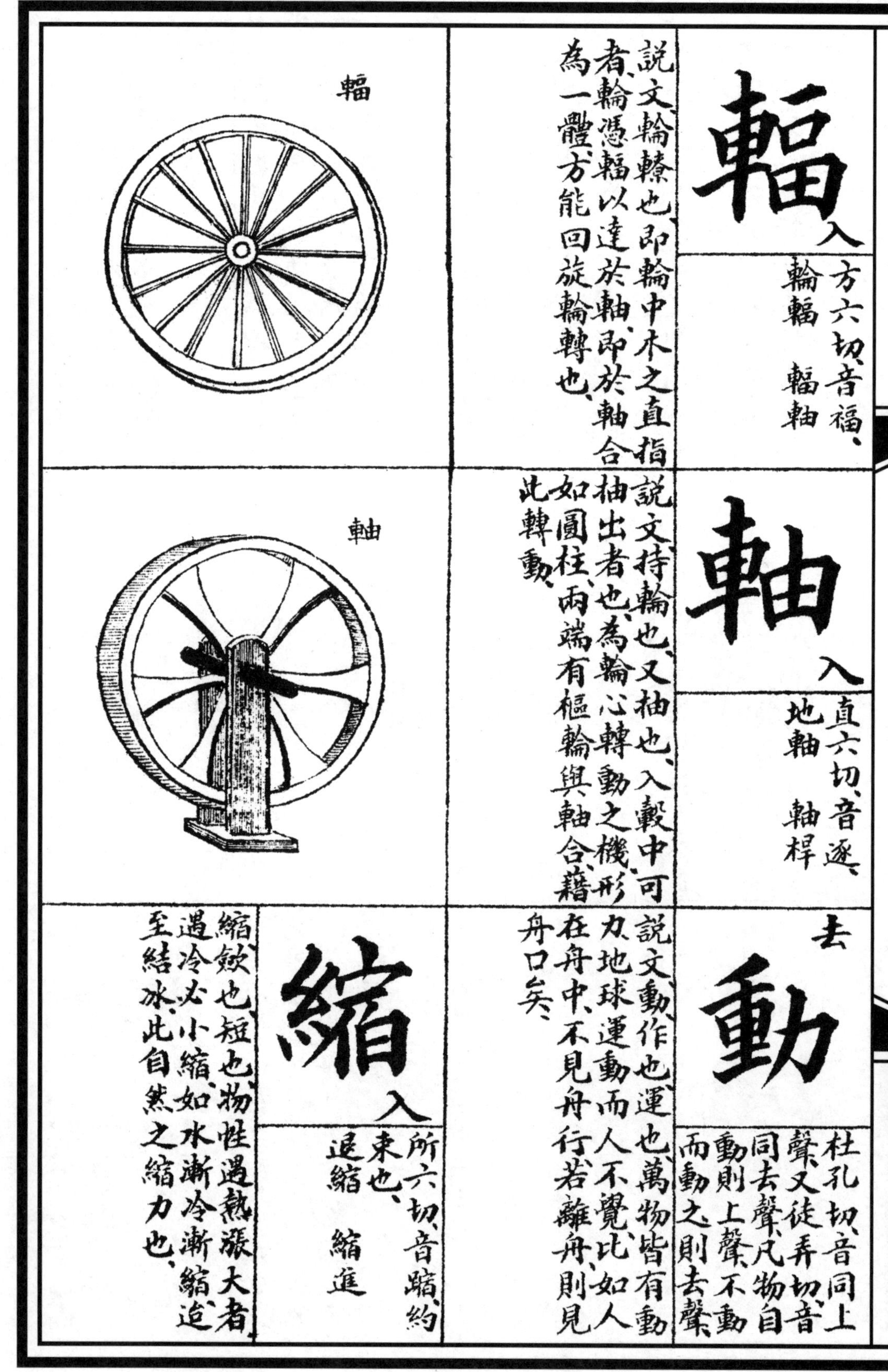

輻 入

方六切、音福、
輪輻　輻軸

說文輪轑也、即輪中木之直指者、輪憑輻以達於軸、即於軸合為一體方能回旋輪轉也、

輻

軸 入

直六切、音逐、
地軸　軸桿

說文持輪也、又柚也、入轂中可抽出者也、為輪心轉動之機、形如圓柱、兩端有樞輪與軸合、藉此轉動、

軸

動 去

杜孔切、音同上聲、又徒弄切、音同去聲、凡物自動則上聲、不動而動之則去聲、

說文動作也、運也、萬物皆有動力、地球運動而人不覺、比如人在舟中、不見舟行、若離舟則見舟口矣、

縮 入

所六切、音蹜、約束也、
縮退　縮進

縮斂也、短也、物性遇熱漲大者、遇冷必小縮、如水漸冷漸縮、迨至結冰、此自然之縮力也、

凝 平

凝陵切，音饕說文水堅也。本古冰字，俗作凝。今从俗。

和凝 凝脂

凝，聚也。熱氣令虛質凝實質，如壺水煑沸，氣從壺口冲出，懸物於上以承之，氣即凝為水點，此蒸氣凝水之理也。昔西人悟此理而造汽機。

漲 去

知亮切，音帳。水大貌。

發漲 漲縮

漲，溢也。萬物遇熱則漲，理固然也。如以牛脬紮口，置火旁，則熱而發，乃熱甚必裂。寒暑表之上升，亦漲力也。

熱 入

如列切，音熱。冷之對也。

冷熱 熱氣

熱，炎氣也。地球離赤道南北各二十五度為熱帶。熱氣隱具宇宙，無物不賅，其顯見者約分四類：一由日而生，二由電而生，一由二物磨擦而生，一由二物相合變化而生。如放電氣過綫，則線生熱，熱極則生光，電燈是也。如兩手相磨，便覺發熱，此可悟機器之運動生熱也。如冷水澆石灰而生熱，物受潮溼則腐爛而生熱。若日光之熱，自不待言矣。熱道之民聰明較少，壽數亦短，因其精氣神三者不能歛收故也。

濃 平

尼容切，音濃。淡之對也。

情濃 濃淡

光之濃淡，由其深淺遠近分之。如水深處作黑色，淺處作綠色，置之杯中則淡而無色。欲知光之濃淡，亦視色之深淺而分。

黏 平

尼占切，音鮎。膠黏，又稠也。俗作粘。

膠黏 黏信

說文：相著也。黏力與結力有別：凡一質點吸引他點而不相切，或以相切，謂之黏力。如以膠黏物，可分可合也。

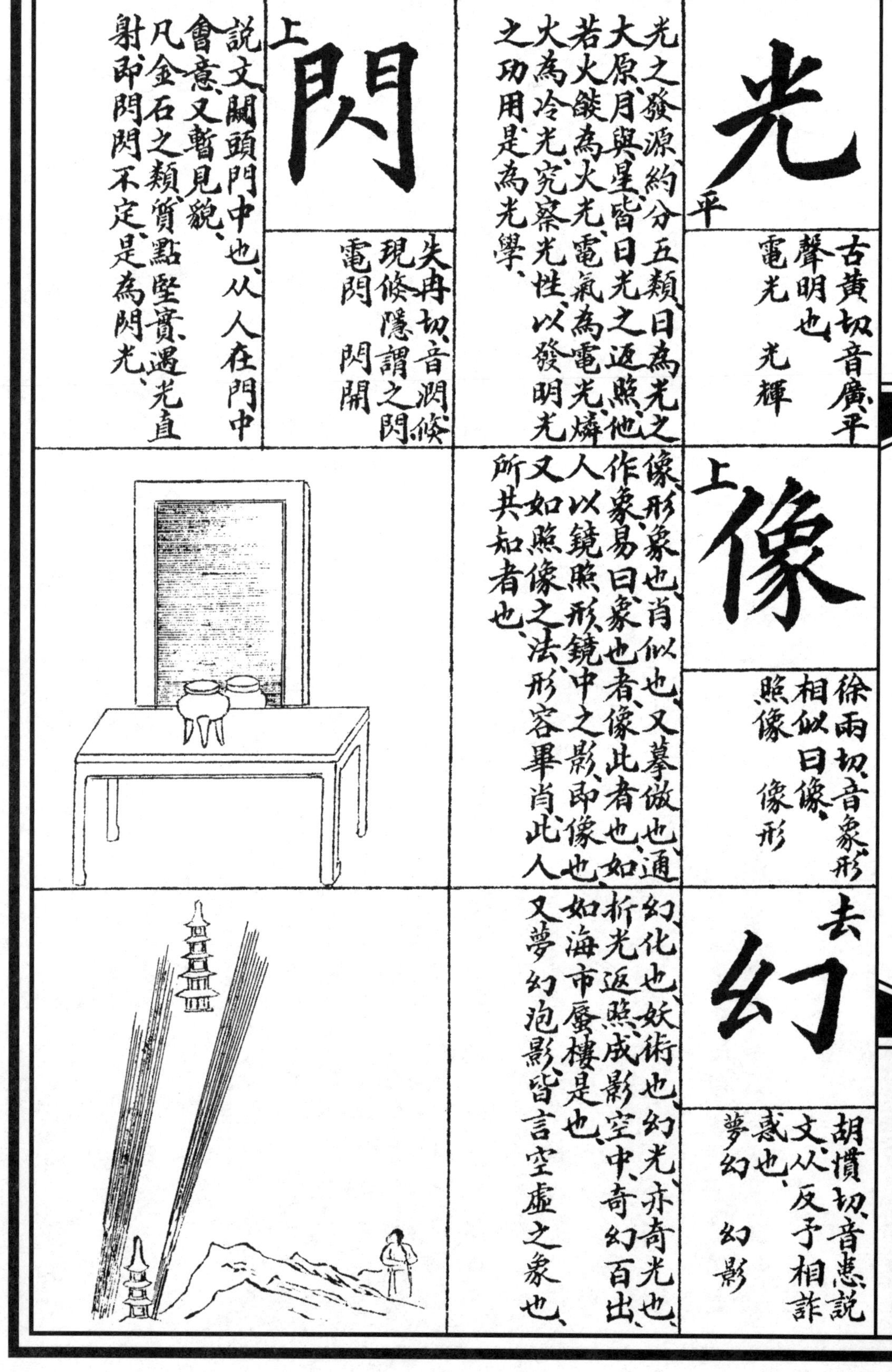

光 平

古黃切，音廣，平聲，明也。

電光　光輝

光之發源、約分五類、日為光之大原、月與星皆日光之返照、他若火燄為火光、電氣為電光、燐火為冷光、究察光性、以發明光之功用、是為光學、

像 上

徐兩切，音象，形相似曰像。

照像　像形

像、形象也、肖似也、又摹倣也、通作象、易曰象也者、像此者也、如人以鏡照形、鏡中之影、即像也、又如照像之法、形容畢肖此人所共知者也、

幻 去

胡慣切，音患，說文从反予，相詐惑也。

夢幻　幻影

幻、化也、妖術也、幻光、亦奇光也、折光返照、成影空中、奇幻百出、如海市蜃樓是也、又夢幻泡影、皆言空虛之象也、

閃 上

失冉切，音潣，倏現倏隱謂之閃。

電閃　閃開

說文、闚頭門中也、从人在門中會意、又暫見貌、凡金石之類、質點堅實、遇光直射、即閃閃不定、是為閃光、

凸 入

陀沒切，音豚入聲。出貌，又高也。

凹凸 凸鏡

物之隆起者曰凸。凸鏡之用，取其散光而已。其光聚鏡後，與凹鏡相反。其成影亦較本物收小。

凹 入

乙洽切，音浥。低下也。俗讀若拗，平聲。

凹鏡

物之內陷者曰凹。凹鏡之用，其光聚於前，能令影深入而放大，故西人每用以視遠。土高曰凸，土窪曰凹，古象形字也。

折 入

旨熱切，音浙。中斷也。

曲折 折回

折，曲也。如以竹竿斜入水中，視之若中折，實非竿折也。乃光被折耳。且折處必向上曲，故水之清澈見底者，望之似淺，探之實深，即此理也。

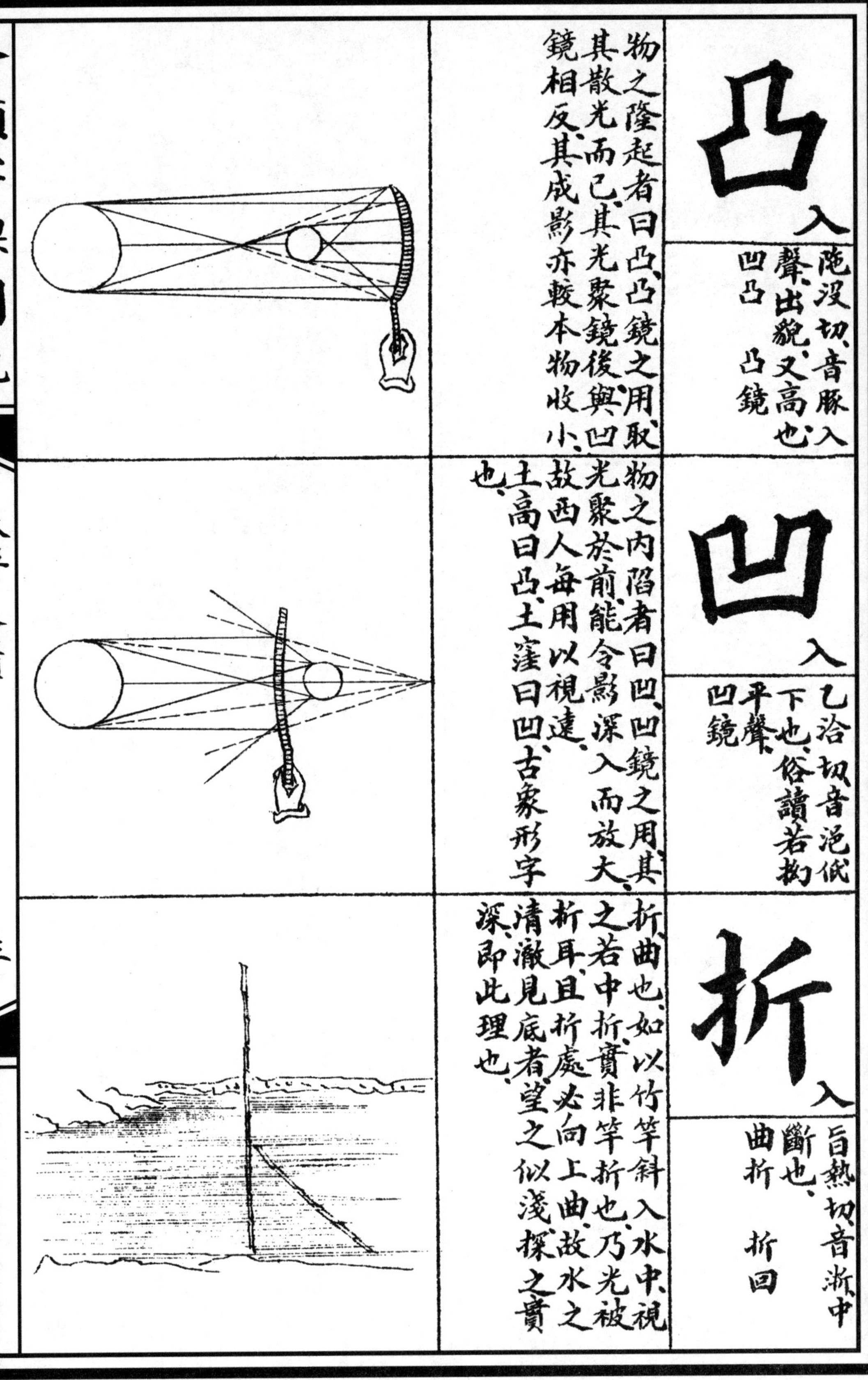

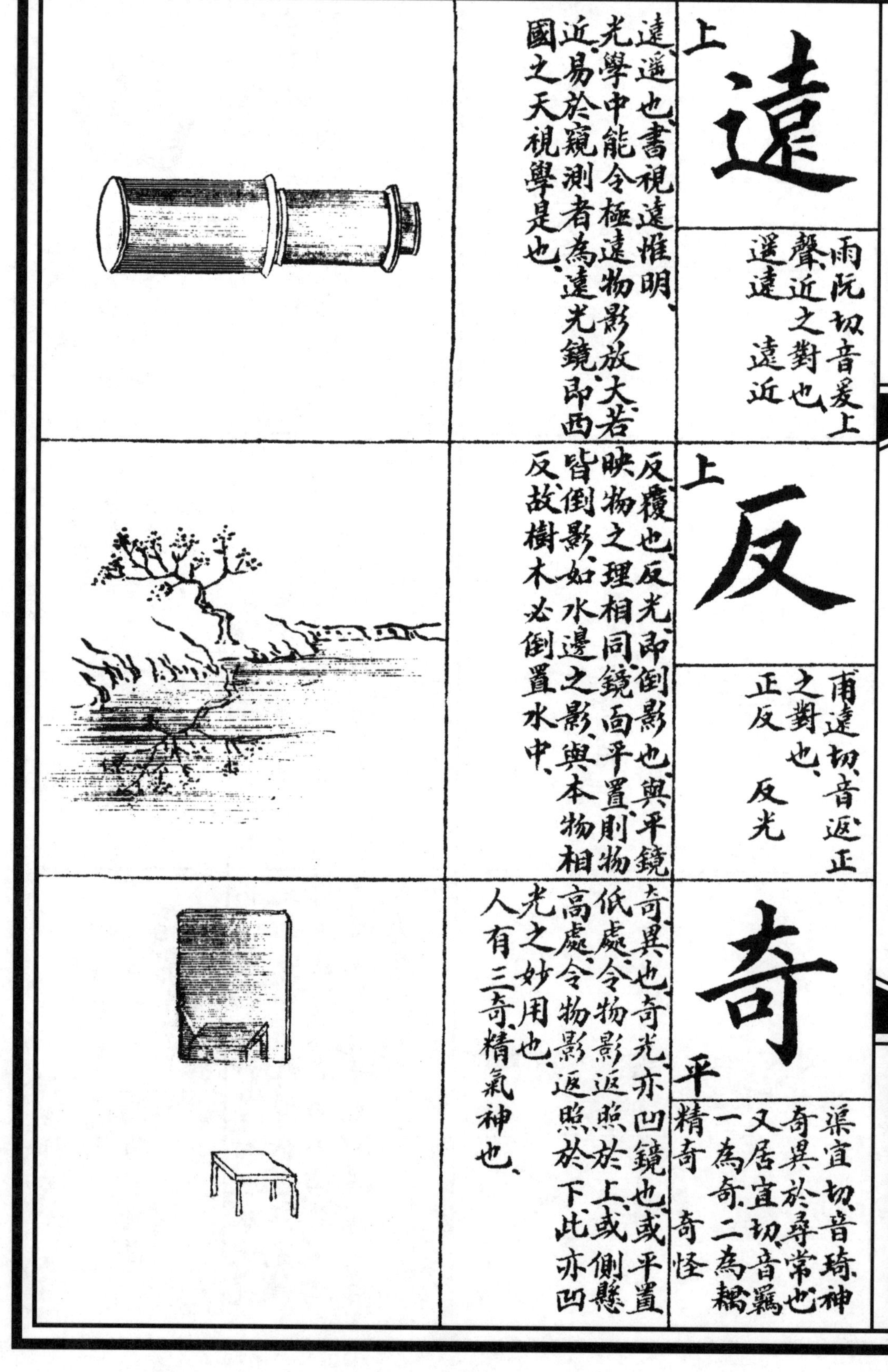

遠　上

雨阮切、音爰上聲、近之對也、

遙遠　遠近

遠、遙也、書、視遠惟明、光學中能令極遠物影放大、若近、易於窺測者、為遠光鏡、即西國之天視學是也、

反　上

甫遠切、音返、正之對也、

正反　反光

反、覆也、反光、即倒影也、與平鏡映物之理相同、鏡面平置、則物皆倒影、如水邊之影、與本物相反、故樹木必倒置水中、

奇　平

渠宜切、音琦、神奇異於尋常也、又居宜切、音羈、一為奇、二為耦、

精奇　奇怪

奇、異也、奇光、亦凹鏡也、或平置低處、令物影返照於上、或側懸高處、令物影返照於下、此亦凹光之妙用也、人有三奇、精氣神也、

影 上

於景切，音英上聲。光之所生，物之陰影也。古只作景，後人加彡為影。

影者，光景之類，合通用景，非毛髮藻飾之事，不當从彡，今概从影。影之直射返照者為明影，影被物而成者為暗影。

月影　影光

色 入

所力切，音嗇。說文，顏氣也。又女色也。

色者，物景也，由光而分。如白色本含各色，隨物返照，始有紅黃藍綠各光之分，即視為紅黃藍綠各色。物若全光返照，即成白色；全不返照，即成黑色。

趁 去

丑刃切，音疢，逐物曰趁。

赶趁　趁便

趁，逐物，方言，關以西逐物曰趁。趁者必乘便，故引申為趁船、趁車之趁。

浪 平

郎宕切，音閬，波浪，又放浪。又魯堂切，音郎，滄浪，水名。

波浪　浪子

浪，浪，流動貌。凡物之易動者，皆成浪，如水遇風則浪起，其顯見焉。至若聲之有浪，從其餘音流出；光之有浪，從其光燄閃動而生，其理一也。

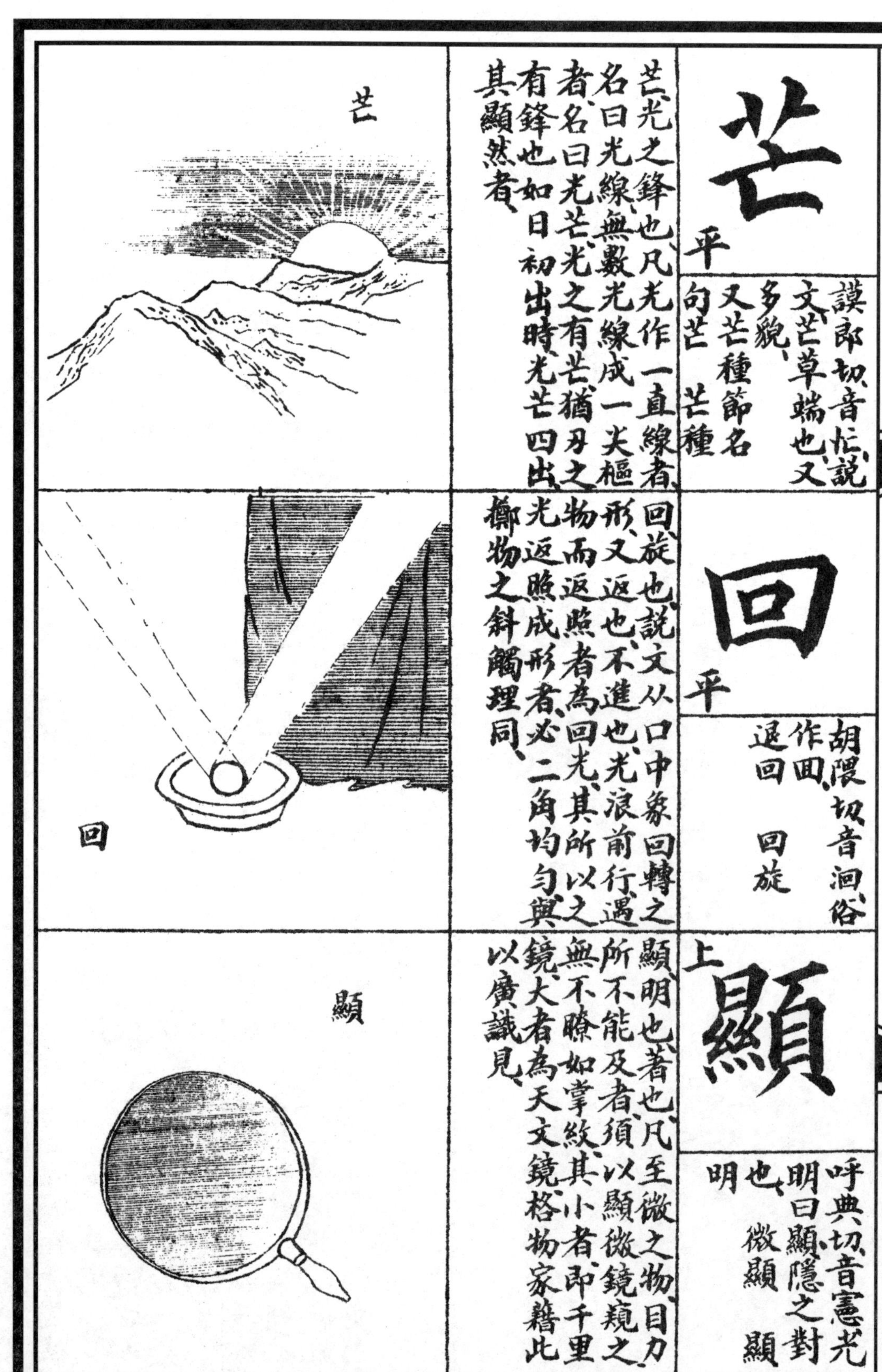

芒 平

謨郎切，音忙，說文，芒草端也，又多貌，又芒種節名　句芒　芒種

芒，光之鋒也，凡光作一直線者，名曰光線，無數光線成一尖樞者，名曰光芒，光之有芒，猶刃之有鋒也，如日初出時，光芒四出，其顯然者，

回 平

胡隈切，音洄，俗作囘，回旋　退回

回，旋也，說文从口中象回轉之形，又返也，不進也，光浪前行，遇物而返照者為回光，其所以之光返照成形者，必二角均勻，與鄉物之斜觸理同，

顯 上

呼典切，音憲，光明曰顯，隱之對也，微顯　顯明

顯，明也，著也，凡至微之物，目力所不能及者，須以顯微鏡窺之，無不瞭如掌紋，其小者，即千里鏡，大者為天文鏡，格物家藉此以廣識見，

吸 入

許及切音翕說文內息也氣出為呼氣入為吸

呼吸 吸氣

吸引也物體之攝引因彼此各具吸力物大則引力亦大物小則吸力亦小昔有西人因蘋果墜地悟及地心吸力之理

力 入

林直切音陵入聲動者為力

勤力 力量

凡精神所及處皆曰力物所勝亦曰力天地間自然之力如地力水力風力火力微質交感之力其實不外吸力結力愛力諸力阻力重力故西人攷究力學

重 上 平

直隴切音偅輕之對也

輕重 重心

重多也累也凡物各有輕重一端輕則一端重如取木箸居中擔之自然平穩若稍偏則側向矣故物之不平者其重心必聚於一端

結 入

古屑切音拮說文締也帶結也

帶結 結束

結裹結也萬物皆有裹結之力物質密則結力大物質疏則結力小如將金屬皮木等質作為細條其結力大小之殊自見矣

散 上

蘇旱切音傘通作㪔分散也

聚散 散放

散放也熱性發散無微不入故熱物皆有熱氣外溢如水向低凹之處而流氣向稀薄之處而聚此熱氣發散之理也

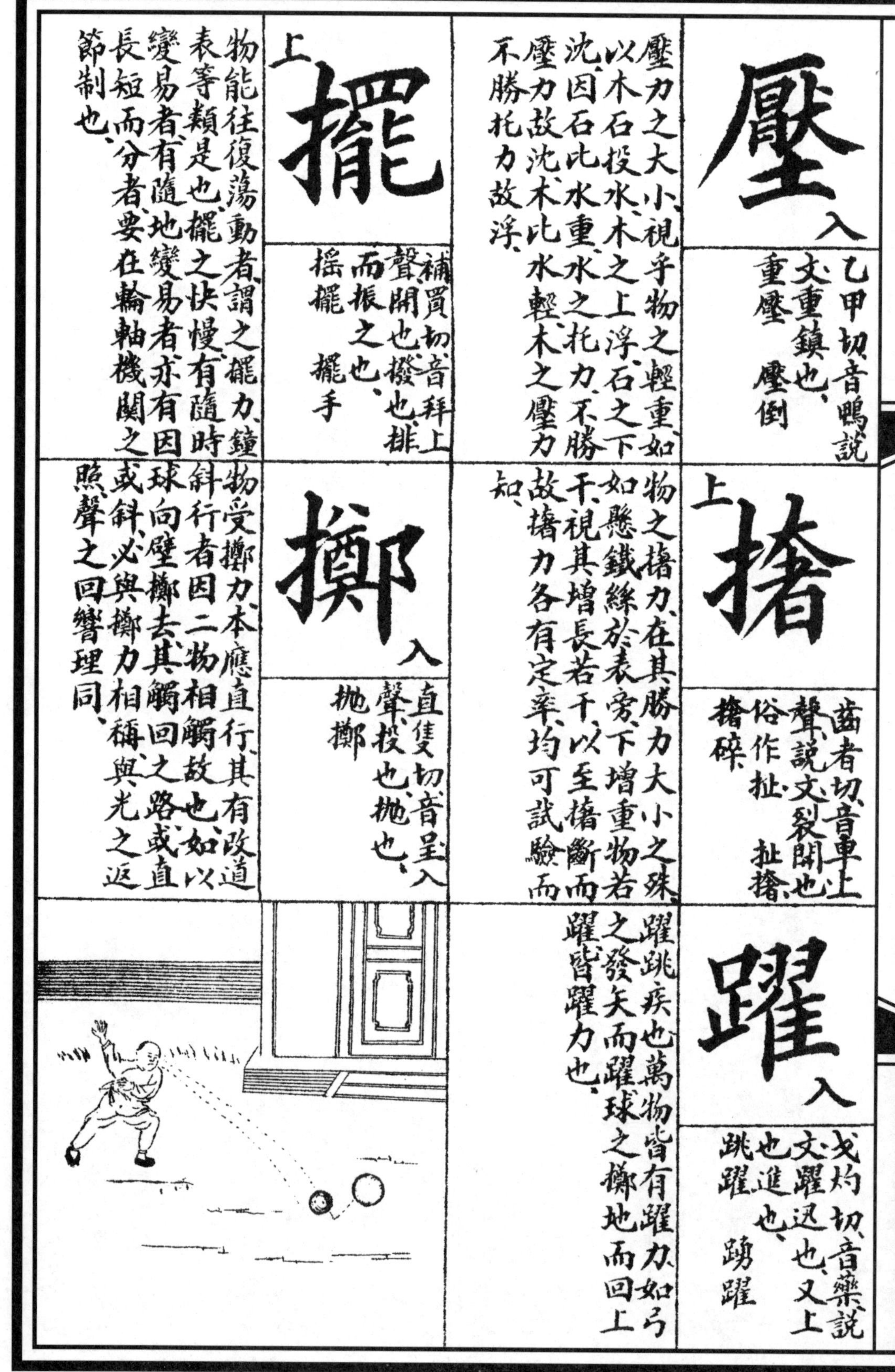

壓 入

乙甲切，音鴨。說文：重鎮也。重壓　壓倒

壓力之大小，視乎物之輕重。如以木石投水，木之上浮，石之下沈，因石比水重，水之托力不勝壓力，故沈；木比水輕，木之壓力不勝托力，故浮。

擺 上

補買切，音拜上聲。開也，撥也，排而振之也。搖擺　擺手

物能往復蕩動者，謂之擺力。鐘表等類是也。擺之快慢，有隨時變易者，有隨地變易者，亦有因長短而分者，要在輪軸機關之節制也。

撦 上

齒者切，音車上聲。說文：裂開也。俗作扯。扯撦　撦碎

物之撦力，在其勝力大小之殊。如懸鐵絲於表旁，下增重物若干，視其增長若干，以至撦斷，而故撦力各有定率，均可試驗而知。

擲 入

直隻切，音呈入聲。投也，拋也。拋擲

物受擲力，本應直行，其有改道變易者，因二物相觸故也。如以球向壁擲去，其觸回之路，或直或斜，必與擲力相稱，與光之返照、聲之回響理同。

躍 入

弋灼切，音藥。說文：躍，迅也。又上也，進也。跳躍　踴躍

躍，跳疾也。萬物皆有躍力，如弓之發矢而躍，球之擲地而回上躍，皆躍力也。

速 入

蘇谷切、音倲、疾也、又鹿之足跡曰速、

遲速　速去

物之動速有二、一為平速、一為變速、不加不減、如水之流、每時若干里是也、或漸加或漸減、如物之上拋下墜、時時改易是也、

拋 平

披交切、音脬、擲也、

拋球

拋力與墜力同理、而緩速相反、上拋之時、初速而漸緩、下墜之時、初緩而漸速、故拋物與墜物、離地之遠近同、則彼此緩速之時亦同、

桿 杆 平

居寒切、音干、木挺也、

電杆　桿子

槓桿為移重之用、有曲有直、均須有倚力、方能得力、有倚力在中心者、有倚力在一端者、

能 平

收登切、音儜、勝任也、

能人　不能

說文、能熊屬、足似鹿、骨節中堅、故稱能、萬物皆能力、能力即勝力、機器其明證也、他如五穀草蔬、其莖皆中空、實生其上、體雖較重、莖仍能勝風力、格物家於此悟空管力大之理、

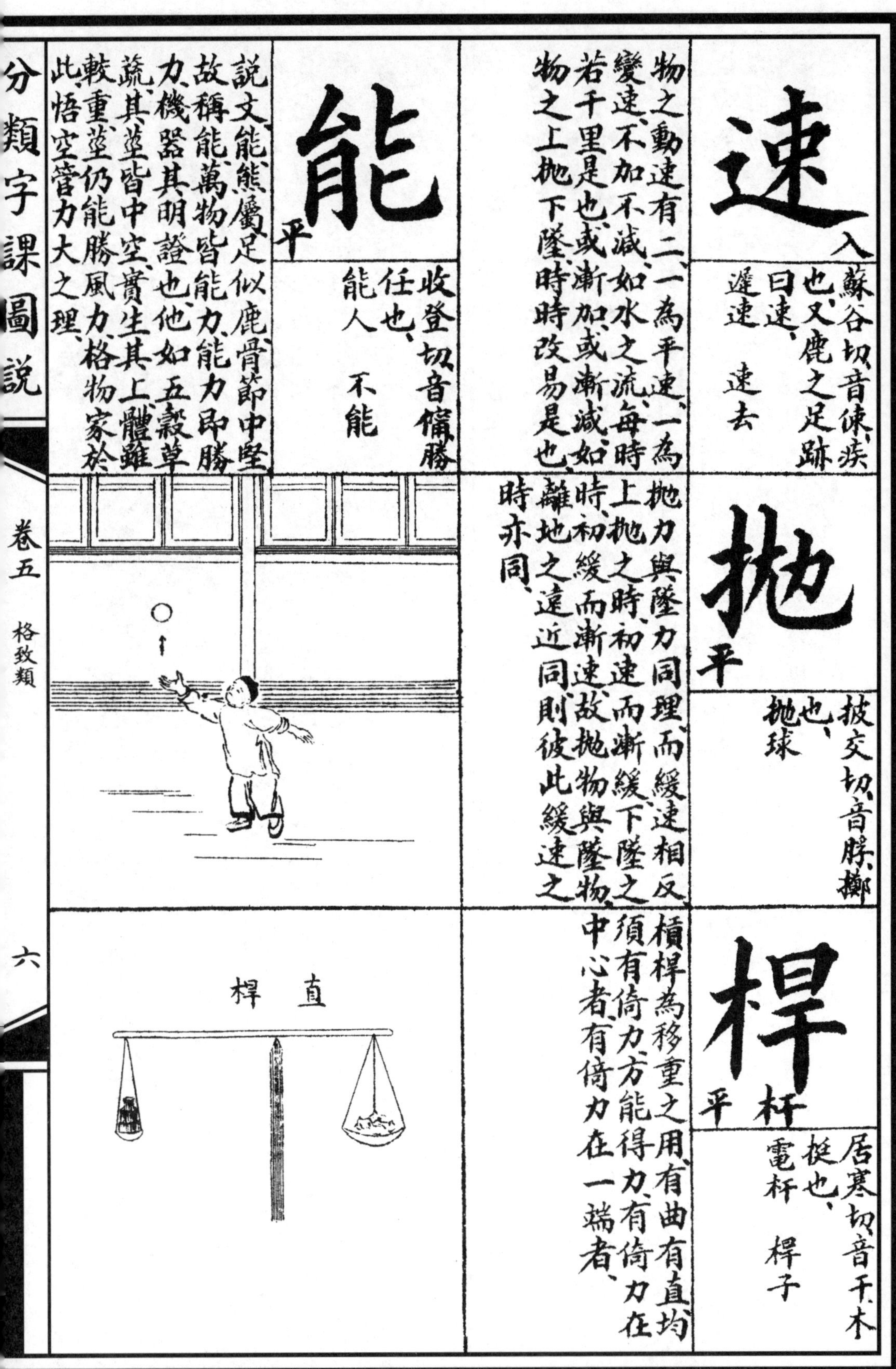

斜 平

似嗟切、音邪、不正也、歪斜　斜陽

斜面之不平也、斜面助力、全賴其面長與高之比例、比例愈大、則省力愈多、如用平板倚於高處、一端向下、使物自板下趨、倍覺省力、

劈 入

匹歷切、音霹、劈以銅鐵或堅木為之、形如二斜面、分劈　劈開

劈、裂破也、劈為三稜體、助力亦同斜面、斜面之用、面不動而重物動、劈之用、面動而重物不動、

滑 入

尸八切、音猾、說文、利也、光滑　滑澤

往來通利謂之滑、滑車之用、所以提重、其輪軸連於高處架上、不能升降者、謂之靜滑車、其輪軸繫於重物、拉使上升者、謂之動滑車、

抵 上

都禮切、音邸、拒也、當也、又大抵、猶言大凡也、抵敵　相抵

抵、觸也、物與物相觸、則生抵力、抵力與阻力不同、阻力無形、抵力有形、如人以手探水、驟擊之、則堅如木石、其擊力正與抵力相抵、

墜 去

直類切、音垂去聲、落也、下墜　墜落

物之下墜、因輕重分快慢、如堅石與輭木比、石重木輕、其下墜時、必石決而木慢、因石重無風氣阻礙、木輕被風氣吹蕩故也、故物愈重、則墜愈速、

升 平

書蒸切、音陞、升者、降之對也、說文、十合為升、升者、登合之量也、升斗　升降

物之上升、亦因輕重而分也、比如天平權物、其一端重而墜、則一端必輕而升、一升一墜、理無二致也、又如氣球輕能上升、同一理耳、

去

化

火跨切、音話、字之去聲、以德化民曰教化、能生非類曰變化、

變化　化生

化變動也、荀子狀變而實無別而為異者、謂之化、此語即為言化學之鼻祖、夫化學能致萬物之變化而明其理、調和交感、分之而得精一原質、合之而生諸多新類也、

去

淡

杜覽切、音啖、無色無味、曰淡、濃之對也、通作澹、

鹹淡、　淡水

淡氣與養氣化合而成風、地球上無淡氣、則人物無賴以呼吸、故人物之骨肉、皆含有淡氣、即草木之質、亦間有含之者、此氣由硝而得、故又名硝氣、

入

綠

龍玉切、音錄、說文、帛青黃色也、青與黃化合而成綠、故曰間色、

碧綠　綠葉

綠氣即鹽氣也、此氣與鹻精化合成鹽、故又名鹽氣、其色綠、其用甚廣、可漂布變白、且能去一切油污並惡臭毒氣、

去 上

養

以兩切、音癢、育也、長也、

長養　養氣

養氣者、萬物中之要物也、風水火均賴以生、人物均賴以呼吸、故名養氣、

平

輕

去盈切、音卿、重之對也、說文、輕車也、又卯正切、音慶、去聲、疾也

重輕　輕氣

輕氣為原質之一、能與養氣化合成水、西人稱為水母、無色無臭、氣類之最輕者也、輕氣之用、可使氣球升空際、可燃烈火鎔金屬、

去

酵

居效切、音教、以酒起麪、曰酵、

發酵　酵粉

酵者、為養輕炭硝四氣及硫砒化合而成、與蛋白相似、果實之有甘味者、皆含此氣、可釀酒起酵、

丱 上

鑛　礦

古猛切、音擴、金石之樸者、

開礦　礦師

丱有屋理、每與地勢相關、故為礦師者、必諳地學、又必明化學、因丱質非化合化分、不能知其純樸也、中土丱產最饒、而小民惑於風水之說、每出全力以阻之、故至未能暢辦、又周禮丱人註、丱之為言礦也、金玉未成器皆曰丱、按字典、古文礦亦作銂、同鑛、鑛鐵也、又金璞也、

金 平

居音切、音今、五金皆曰金、又星名、

赤金　金箔

金為六十三原質之一、或得自沙間、或食於山石內、雖質軟如鉛、而非合強水、不能消化、世人用以飾物、西人兼用為照相藥水、

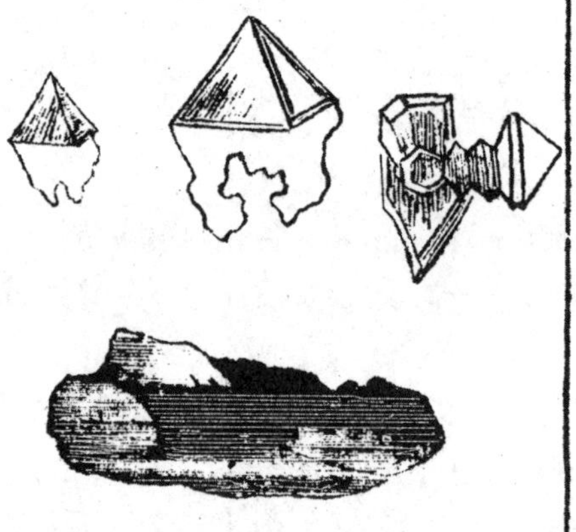

澒 上

汞

虎孔切、音貢、流金曰澒、

澒有自然獨成者、為流質、色白亮、質甚密、可作玻璃鏡背及寒暑風雨表等用、又有澒流、地產者多、純者名硃砂、製鍊而成者名銀硃、

硫 平

力求切、音留、藥名、通作磂、
倭硫 硫磺

硫磺生土中、每與金類相合、純者淡黃色、其質脆而微熱、有臭氣、性易燃燒、能薰白物質、與養氣化合、即成硫養氣、入於水、即為磺強水、為化學內最要之品、

銀 平

魚巾切、音誾、白金也、朱提縣出善銀、故又名朱提、
金銀 銀錢

銀質堅韌、其色為金類中最白者、可作器皿及錢鈔等用、遇養氣不生鏽、見硫臭發黑色、與硝強合為極好眼藥、與綠氣及海鹽合、為照像藥水、

鹽 平

移廉切、音閻、說文鹹也、
鹽引 官鹽

鹽由綠氣與鹻精化合而成、其色灰白、其味鹹、其質易消、在地成礦、有厚至數十丈者、今川滇食鹽多取於井、甘陝取於池、江浙取於海、以火煅之、始得純質、

燐 平

力珍切、音鄰、血久為燐、俗名鬼火

燐為腐屍朽物之所生、而無自然獨成之質、有二質、一為半明之質、面光如蠟、遇空氣則燃、一為硬質、性不自燒、可為自來火、

鐵 入

天結切、音天入聲、黑金也、
鋼鐵 鐵甲

鐵為金類中最多而最有用者、動物之有脊骨、其血內必含之、凡金類與養氣化合之質、動物食之無害者、止有鐵、鐵在地中每與他物質化合而成礦、

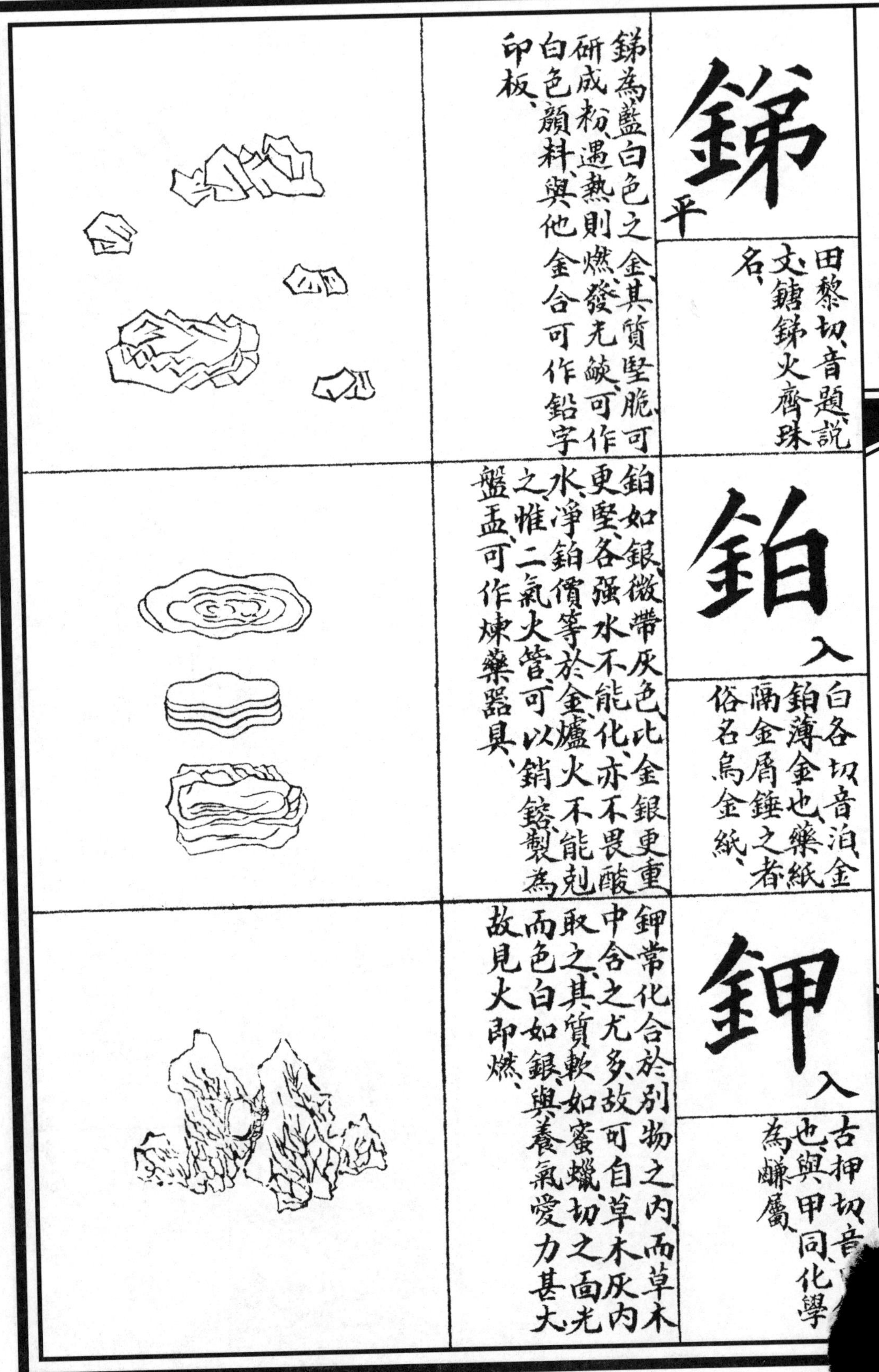

銻 平

田黎切，音題，說文：鎕銻，火齊珠名。

銻為藍白色之金，其質堅脆，可研成粉，遇熱則燃，發光燄，可作白色顏料，與他金合可作鉛字印板。

鉑 入

白各切，音泊，金鉑，薄金也，藥紙隔金屑錘之者，俗名烏金紙。

鉑如銀，微帶灰色，比金銀更重更堅，各強水不能化，亦不畏酸水，淨鉑價等於金，爐火不能剋之，惟二氣火管可以銷鎔，製為盤盂，可作煉藥器具。

鉀 入

古押切，音[illegible]也，與甲同，化學為鹻屬。

鉀常化合於別物之內，而草木中含之尤多，故可自草木灰內取之，其質軟如蜜蠟，切之面光而色白如銀，與養氣愛力甚大，故見火即燃。

錳 上

莫杏切、音孟、即金剛石、按字典無錳字、化學家新造也、

錳色白如生鐵、質堅韌、雖鋼銼不入、惟羚羊角扣之則碎、可用以畫玻璃、刻玉鑽瓷料、歷久不生鏽、然淨者甚少、其與鐵合者曰錳鐵、

煤 平

莫杯切、音枚、石炭也、

白炭　煤炭

煤乃荒古時之草木所成、今由地中掘出、有硬煤軟煤二種、軟煤有油性、燃之即着、用鐵管以通煤氣、光可代燭、

鹻 上

古斬切、音減、鹵之凝著者、亦作碱、

石鹻　鹻水

鹻生於土石內、亦有含於草木質中者、海中草蔬此質最多、其色白而微紅、其質軟如蜜蠟、用以漂白布、足造胰皂、燒玻璃、入藥材、

酸 平

蘇官切、音⿱雨酸水之臭曰酸、

化學凡二物化合成鹽、其一必屬酸類、如硝磺鹽硫醋各種強水是也、亦有物無酸味、而仍歸酸類者、如炭酸是也、又有草酸果酸與硝磺等各酸相似、

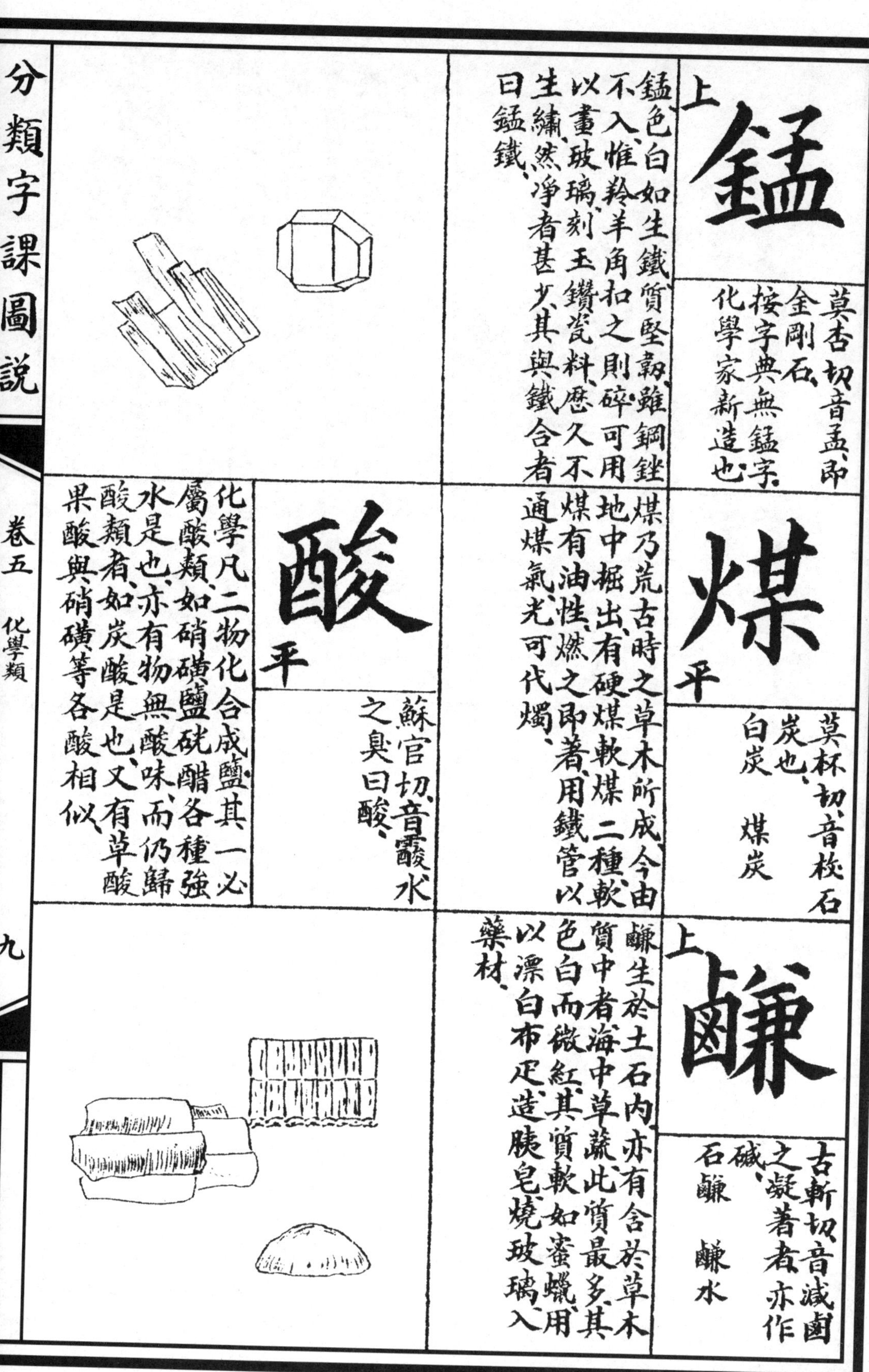

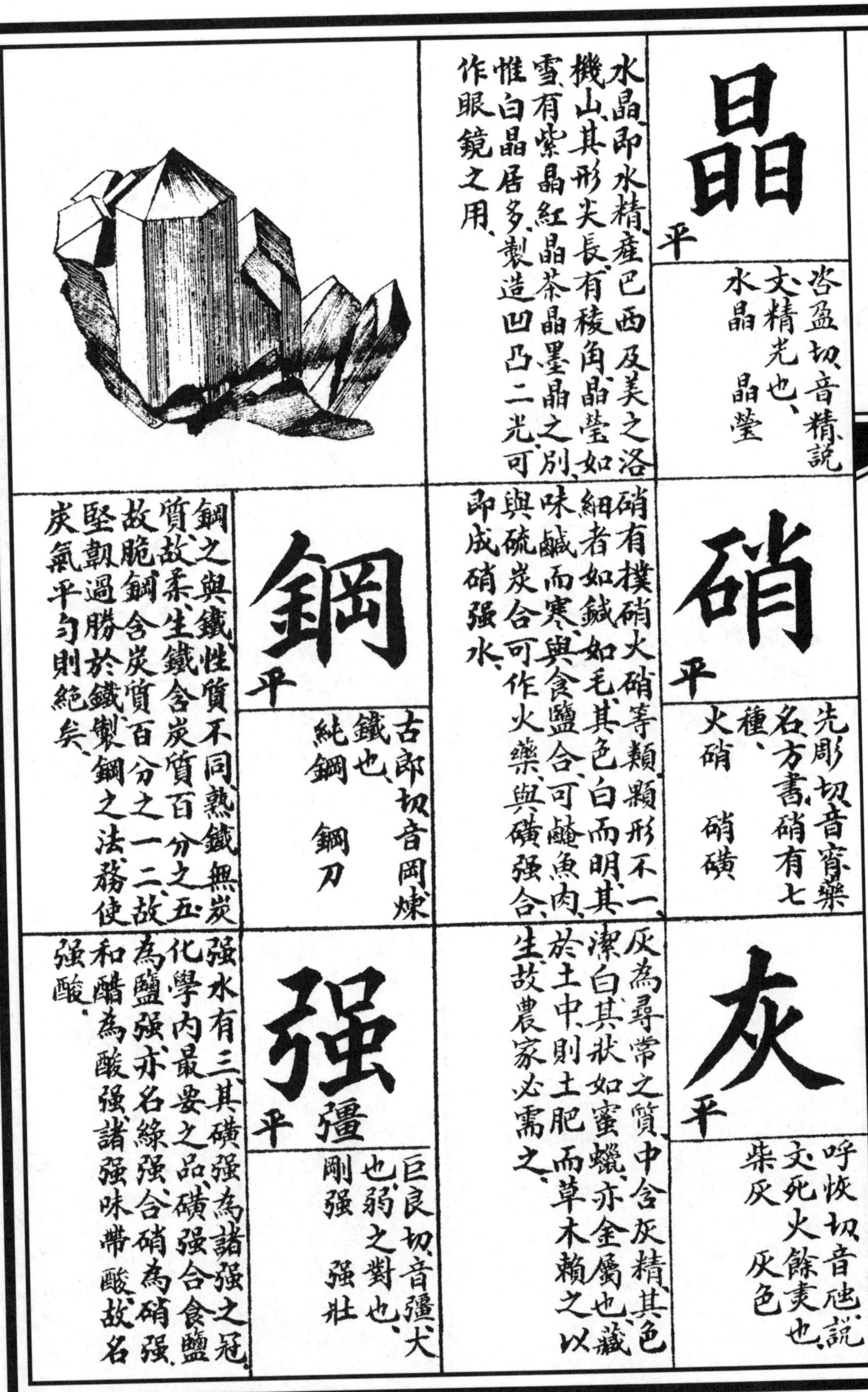

晶 平

咨盈切，音精，說文：精光也。

水晶　晶瑩

水晶，即水精，產巴西及美之洛機山，其形尖長，有稜角，晶瑩如雪，有紫晶、紅晶、茶晶、墨晶之別，惟白晶居多，製造凹凸二光，可作眼鏡之用。

硝 平

先彫切，音宵，藥名，方書：硝有七種。

火硝　硝磺

硝有樸硝、火硝等類，顆形不一，細者如鍼，如毛，其色白而明，其味鹹而寒，與食鹽合，可醃魚肉，與硫炭合，可作火藥，與磺强合，即成硝强水。

灰 平

呼恢切，音虺，說文：死火餘夷也。

柴灰　灰色

灰為尋常之質，中含灰精，其色潔白，其狀如蜜蠟，亦金屬也，藏於土中，則土肥，而草木賴之以生，故農家必需之。

鋼 平

古郎切，音岡，煉鐵也。

純鋼　鋼刀

鋼之與鐵，性質不同，熟鐵無炭質，故柔，生鐵含炭質百分之五，故脆，鋼含炭質百分之一二，故堅韌過勝於鐵，製鋼之法，務使炭氣平勻則絶矣。

强 平 殭

巨良切，音殭，犬也，弱之對也。

剛强　强壯

强水有三，其磺强為諸强之冠，化學內最要之品，磺强合食鹽為鹽强，亦名綠强，合硝為硝强，和醋為酸强，諸强味帶酸，故名强酸。

膠 平

居肴切，音交，固也。膠者，所以固物也。

樹膠　膠州

膠，由樹皮流出者為樹膠，即樹之脂液也。其味各異，其質皆同。大抵係炭輕養三氣化合而成。五穀雜草中亦有含之。又有肉膠，出血肉中，其質亦堅固。

銅 平

徒東切，音銅。赤金也。銅青，即銅綠，銅之精華也。

白銅　銅鍈

銅，質堅韌，不甚生繡，其色紅。若與鋅合成黃銅，與錫合為礮銅，鐘銅，與鋅鉛三者合為錫，宣爐，與磺強合成膽礬。其味酸濇，可入藥，染衣，作顏料，鑄電氣銅板。

炭 去

他晏切，音炭。說文：燒木餘也。炭氣，即煤毒也。草木能收之。

柴炭　炭氣

炭，為最多最要之原質，含於煤內，或土類石類。其質有三：一曰金剛石，一曰筆鉛，一曰木炭，皆炭精也。炭精與養氣合，即化成炭酸氣，動物吸之多損。

硄 上

枯光切，音匡，上聲。石色之光澤者。光藥由牲骨中煉出者。

硫硄　硝硄

硄，與石類土類相合而成，地中有之。動植物質亦含之。狀如蜜蠟，最愛養氣，非沈藏水底，必致出火。其發熱極而明，故名光藥。其用之最廣者，莫如製自來火。

喜 上

許里切，音嬉，悅也。

恭喜　喜悅

硝養二氣化合，則為喜氣。人嗅此氣，狂笑不止。西醫欲以刀治病，每令吸此以止痛。然稍有未純，最傷肺經，故吸之宜慎。

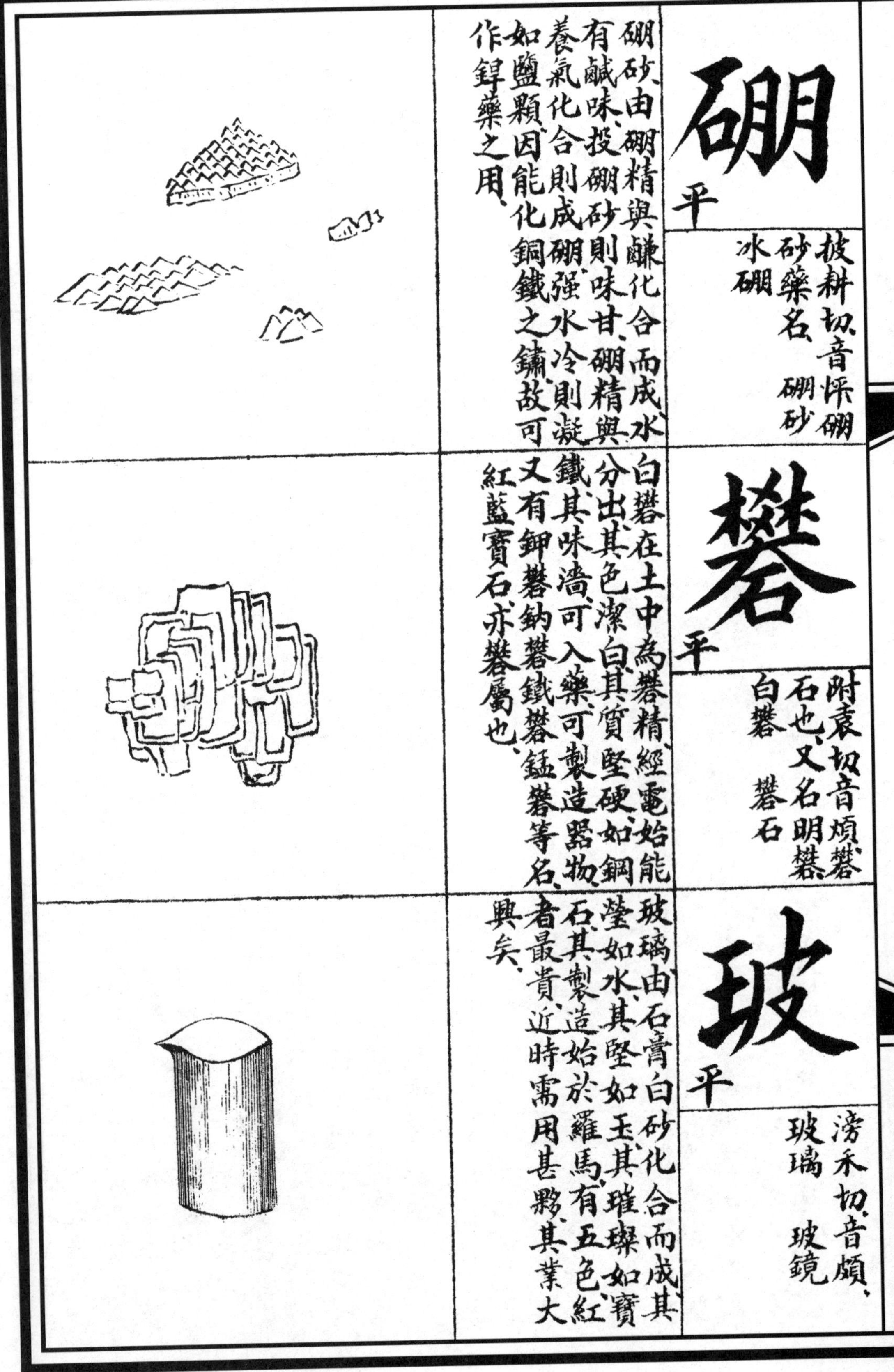

硼 平

披耕切音怦硼砂藥名、

硼砂　冰硼

硼砂、由硼精與鹻化合而成、水有鹹味、投硼砂則味甘、硼精與養氣化合則成硼强水、冷則凝如鹽顆、因能化銅鐵之鏽、故可作銲藥之用、

礬 平

附袁切音煩礬石也、又名明礬

白礬　礬石

白礬在土中為礬精、經電始能分出、其色潔白、其質堅硬、如鋼鐵、其味澀、可入藥、可製造器物、又有鉀礬鈉礬鐵礬錳礬等名、紅藍寶石、亦礬屬也、

玻 平

滂禾切、音頗、

玻璃　玻鏡

玻璃由石膏白砂化合而成、其瑩如水、其堅如玉、其璀璨如寶石、其製造始於羅馬、有五色、紅者最貴、近時需用甚夥、其業大興矣、

磇 平

篇迷切、音批藥名、亦作砒、白砒　砒霜

磇礵、又名信石、為鉀養化合而成、其色潔白、性毒微辛、入水即消、見火化氣、與硫磺合、為雄黃雌黃、與銅合、為綠色顏料、磇所生各質最毒、煉者多被薰死、

瑙 上

乃老切、音腦、寶石之類、瑪瑙

瑪瑙、生山石中、非玉非石、自是一類、有紅白黑三色、文理交錯形如瑪瑙、故其質堅而脆、刀刮不動、得自然灰即軟、以紅者為佳、黑白次之、

硇 上

尼交切、音撓藥名、或作硵砂、淡硇　硇砂

硇砂、出西戎、形如芒硝、光淨者良、其味鹹而辛、性酷毒、入水即消、見火即燃、可入藥材、能消五金、可作銲藥之用、

錫 入

先的切、音裼、說文、銀鉛之閒、錫也、又錫賜也、禮有九錫、廢錫　錫箔

錫色如銀而質軟、性易溶、與養氣無甚愛力、故鍍於鐵面、能不生鏽、如馬口鐵等是也、可作器皿諸物等用、

珀 入

普白切，音拍，藥名。琥珀 珀精

琥珀，木精也，為松脂入地所結而成，其形不一，其色有紅黃白三種，其性易燃，磨之生電，能拾芥者為真，又有墨珀，方書名為墨珀，黑潤而滑，西人用為漆料。

鋅 平

息鄰切，音辛，鋅一名鏤。

鋅色藍白，性堅於鉛，即倭鉛也，鎔為鉛片，打造器具，可代陶瓦，與養氣合，成白粉，與綠氣合，能收纖氣，浸於強水，則生濕電，以通電報，尤為大用。

鉛 平

余專切，音沿，青金也。

鉛質獨成者甚少，與銀相合成礦者居多，色藍灰，質甚軟，易鎔，與銅合為黃銅，與養氣合為黃丹，可入藥，與炭氣合為鉛粉，和以他料，可作多般顏色。

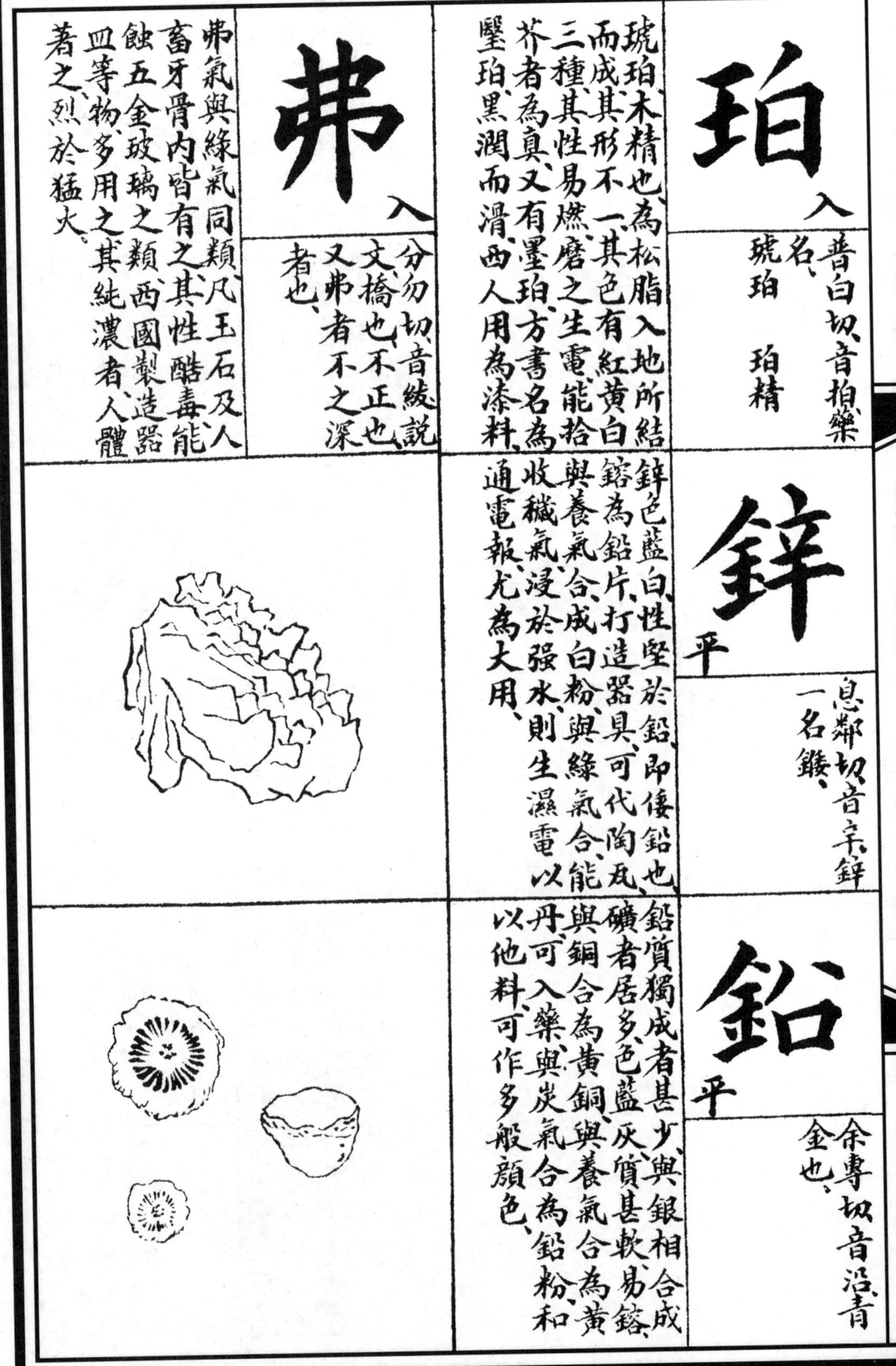

弗 入

分勿切，音紱，說文橋也，不正也。又弗者，不之深者也。

弗氣與綠氣同類，凡玉石及人畜牙骨內皆有之，其性酷毒，能蝕五金玻璃之類，西國製造器皿等物，多用之，其純濃者，人體著之，烈於猛火。

算 去

損管切，音蒜去。畫也。推算 算學

算，數也。从竹从具。古人削竹為籌，以具其數。後世用珠算代之。又有筆算。

數 去 上 入

所矩切，音藪上。計也。書數 數目

計其多寡曰數。故引申之為數目之數。讀双遇切，音捒。又凡事之屢見者亦曰數。讀色角切，音數。

測 入

初力切，音惻。推求也。量度也。推測 測算

說文：深所至也。凡事之度其深者曰測。算法有重測、實測諸名，不外三角法推算之理。

量 去 平

力仗切，音亮。能容物以計多寡者。量度 測量

量，斗斛之統稱。能度其多寡亦曰量。讀呂張切，音良。

物 入

文拂切，音勿。猶事也。又類也。萬物 萬理

說文：萬物也。牛為大物，天地之數起於牽牛，故从牛勿聲。凡生天地之間者皆為物也。又地球上動物、植物。

分（去 平）

府文切、音饙、合之對也、符問切、音汾、去聲、名分也、

命分　分法

說文、分、別也、从八从刀、刀以分別物也、一黍之廣為一分、又十釐為一分、六十秒為一分、算法有命分、分除實、實不滿法、名以言之為分、

加（平）

居牙切、音加、增也、益也、

增加　加法

說文、加者、語相增加也、从力口、會意、算法、加、以數相併也、凡學加法者、須先知進法、熟悉進法訣、則學加法不難矣、

乘（去 平）

神陵切、音繩、物雙曰乘、又載也、如乘車乘舟是、

乘法、　千乘

乘、駕也、登也、又因也、算法乘者、兩數相乘也、欲學乘法、須先熟悉九九數、則相乘之時、自可隨口呼出、不煩思索矣、

除（平）

長魚切、音儲、去也、又四月為除、歲終曰除夕、

開除　除法

說文、殿陛也、除謂門屏之間、算法歸除、除者、九歸與乘法間用、先歸後除、故曰歸除、又總名曰除法、欲學歸除者、須先辨明法實、法實既明、則學歸除不難矣、

減（上）

古斬切、音鹼、少也、輕也、

加減　減法

說文、減、損也、算法減者、以小數減大數也、與加法相反、故減法為加法之還原、凡學減法者、須先知退法訣、則於退位之時、方不錯亂、

倍（去）

補妹切、音背、與背同、又益也、

加倍　倍數

說文、背也、謂背禮也、又財物人事加等曰倍、倍、一倍也、算法倍數者、謂以小度大、大即為小之倍、如五一倍作二五、二倍作四之類也、

元 平

愚袁切，音原。首也、始也、百姓曰元元、天子曰元首、　三元　元首

元者、天地之大德、所以生生者也、在天為元、在人為仁、算法中國之天元、即西國之借根方也、天元以居中不動者為太極、以天地人物為四元、

數 上

爽主切，音籔。算數也、一者數之始、十者數之終、元代者皆以假數代真數也、

說文、計也、計之有多少曰數、算法西國之代數、即中國之四元也、四元別以位次、代數別以記號、法雖異理則同也、　總數　數目

對 上

都內切，音碓。荅也、又兩物並列曰對、　應對　對聯

說文、對應無方也、爾雅、對遂也、遂者因事之辭、又當也、相配也、算法對數比例、以假數與真數對列成表、故名對數表、

微 平 去

無非切，音薇。細小也、　微細　少微

微少也、說文、隱行也、算法有微分、本數之長數、謂之微分、諸小較之一、亦謂之微分、微分正流數也、

積 入 去

子息切，音迹。禾穀之聚曰積、又資四切，音恣，去聲義同、　聚積　積累

說文、聚也、累也、積小成大、積少成多、算法體之界為面、面之實為積、又微分還原謂之積分、諸小較併之亦謂之積分、積分反流數也、

差 平

初加切，音杈。有過曰差、物不相當曰差、又初佳切，音釵，使也、

說文、貳也、不相值也、又舛也、差錯之義、又參差不齊也、三相參為參、兩相參為差、算法有差分、多與少兩相分也、

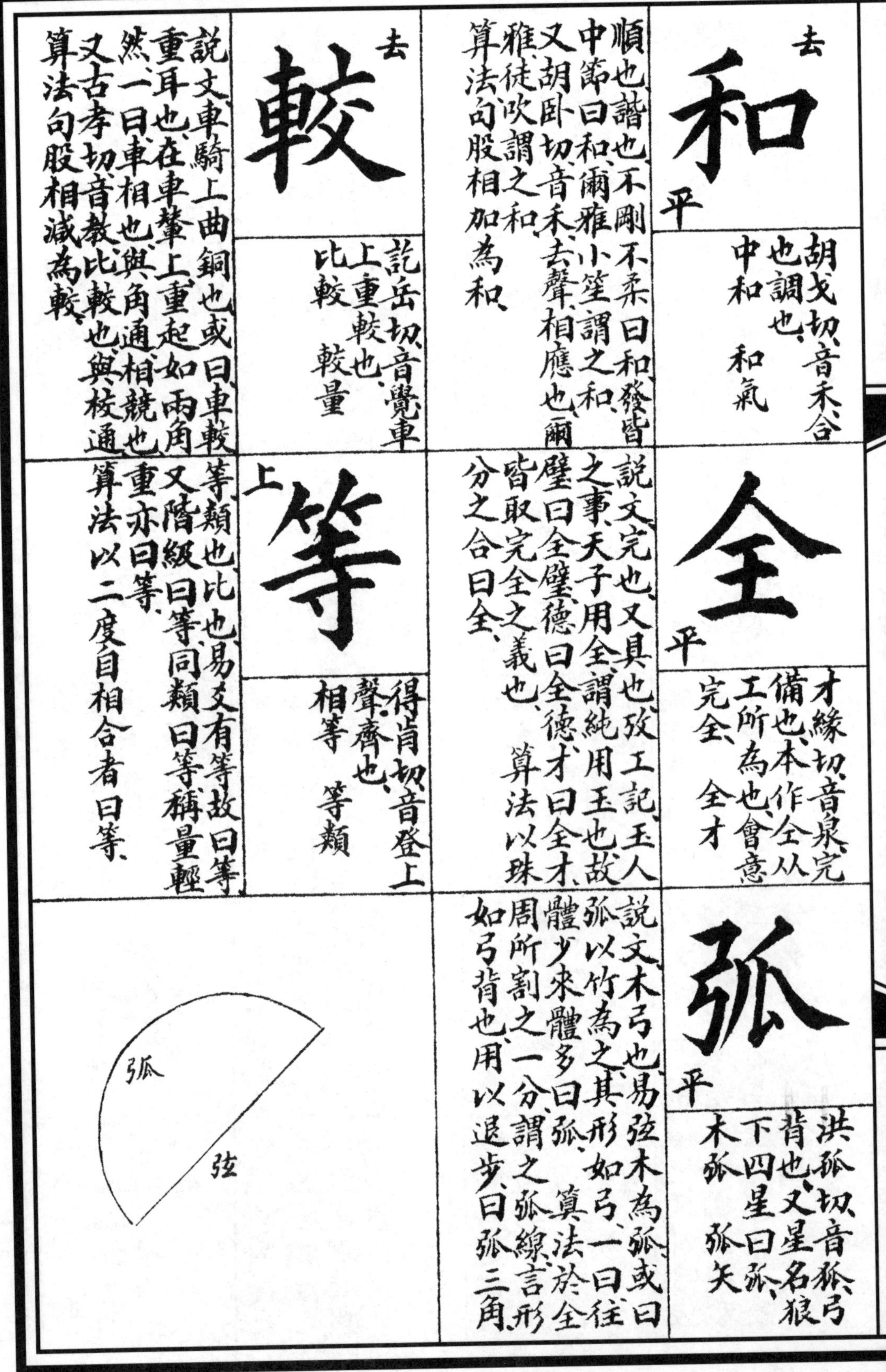

和 去 平

胡戈切，音禾，合也，調也。中和　和氣

順也，諧也，不剛不柔曰和。發皆中節曰和。爾雅小笙謂之和。又胡卧切，音禾去聲，相應也。爾雅徒吹謂之和。算法句股相加為和。

全 平

才緣切，音泉，完備也。本作仝，从工，所為也。會意。完全　全才

說文：完也。又具也。攷工記：玉人之事，天子用全，謂純用玉也。故璧曰全璧，德曰全德，才曰全才，皆取完全之義也。算法以珠分之合曰全。

弧 平

洪孤切，音孤，弓背也。又星名，狼下四星曰弧。木弧　弧矢

說文：木弓也。易：弦木為弧。或曰弧以竹為之，其形如弓。一曰往體少來體多曰弧。算法於全周所割之一分謂之弧線，言形如弓背也。用以退步曰弧三角。

較 去

訖岳切，音覺，車上重較也。比較　較量

說文：車騎上曲銅也。或曰車較重耳也，在車輢上重起如兩角然。一曰車相也。與角通，相競也。又古孝切，音教，比較也。與校通。算法句股相減為較。

等 上

得肯切，音登上聲，齊也。相等　等類

等類也，比也。易爻有等，故曰等。又階級曰等，同類曰等，稱量輕重亦曰等。算法以二度自相合者曰等。

平

平

蒲明切音苹平坦也又蒲眠切音㛹平平辨治也又皮命切音病平物賈也

平正也均也物以平為準故曰平準物必平於衡故曰平衡又時和曰太平地大曰廣平算法平面中界之線能遮兩界

公平　平正

曲

入

區玉切音麯不直曰曲

私曲　曲直

說文曲者象氣受物之形或曰蠶薄也凡物之不方正者皆謂之曲

算法曲線所成者為曲界形

直

入

逐力切音值曲之對也

正直　曲直

直正也不曲也繩墨得中謂之直故曰繩直又物價曰直無私心者曰直傭人得錢亦曰直算法直線所成者為直界形直界未有外於三角形者

圜

平

于權切與圓同

渾圓之名也故名天地之體曰圜漢朝以制錢之府曰圜府

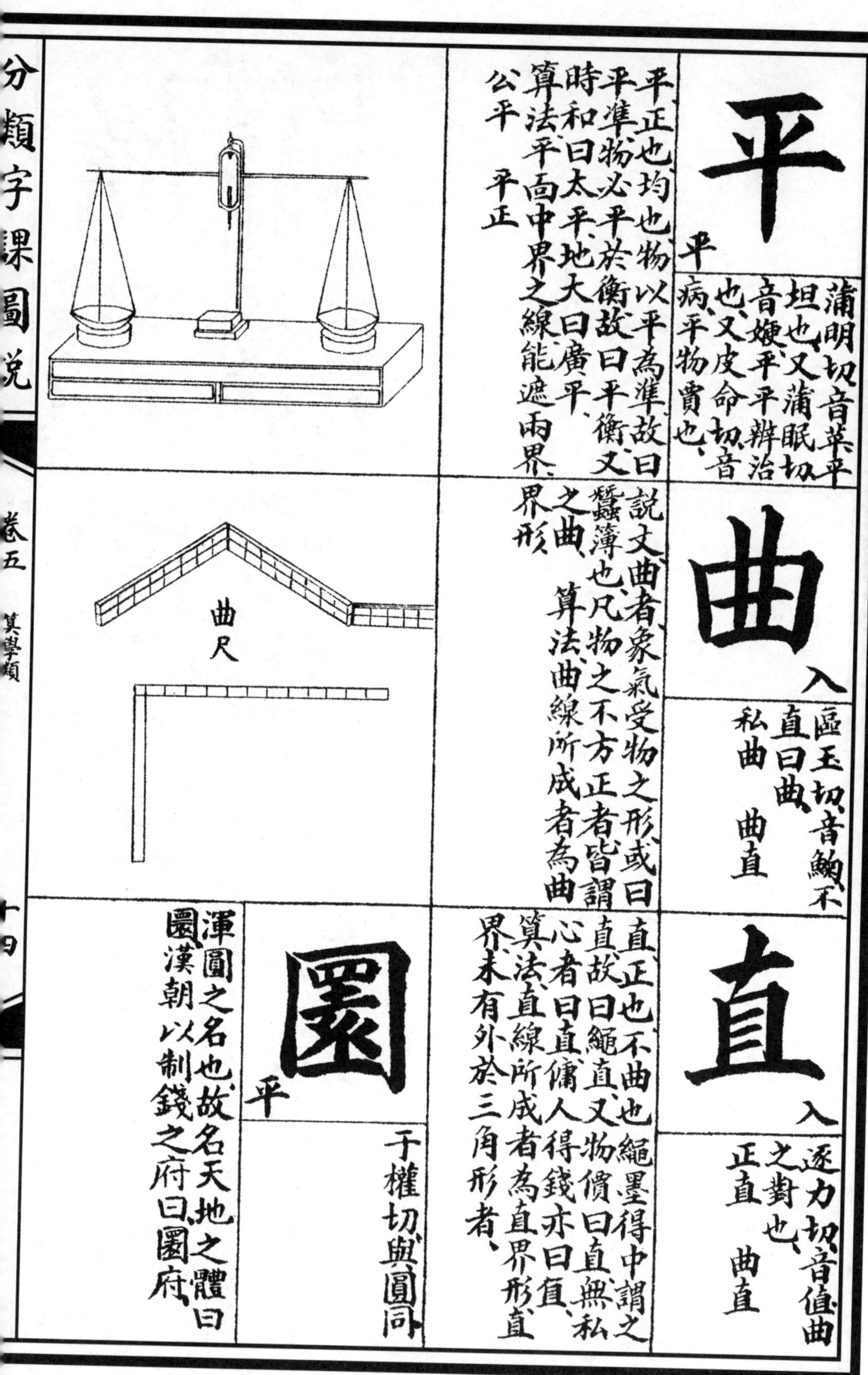

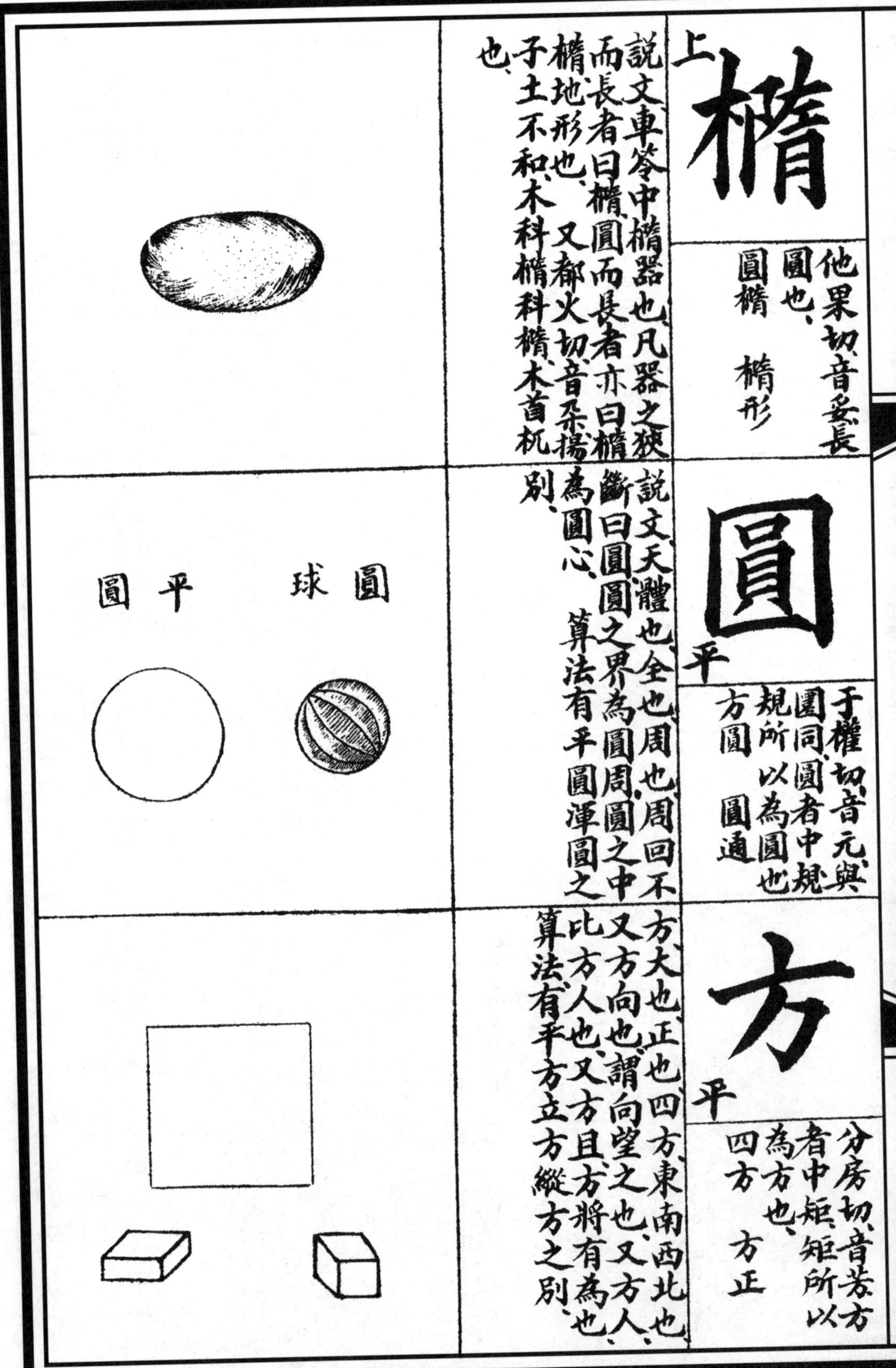

橢 上

他果切音妥長圓也、

橢圓　橢形

說文車笭中橢器也凡器之狹而長者曰橢、圓而長者亦曰橢、橢地形也、　又都火切音朵揚子土不和木科橢科橢木首杌也、

圓 平

于權切音元與圜同、圜者中規、規所以為圓也

方圓　圓通

說文天體也全也周也周回不斷曰圓圓之界為圓周圓之中為圓心、　算法有平圓渾圓之別、

方 平

分房切音芳方者中矩、矩所以為方也、

四方　方正

方大也、正也、四方、東南西北也、又方向也、謂向望之也、又方人、比方人也、又方且、方將有為也、　算法有平方立方縱方之別、

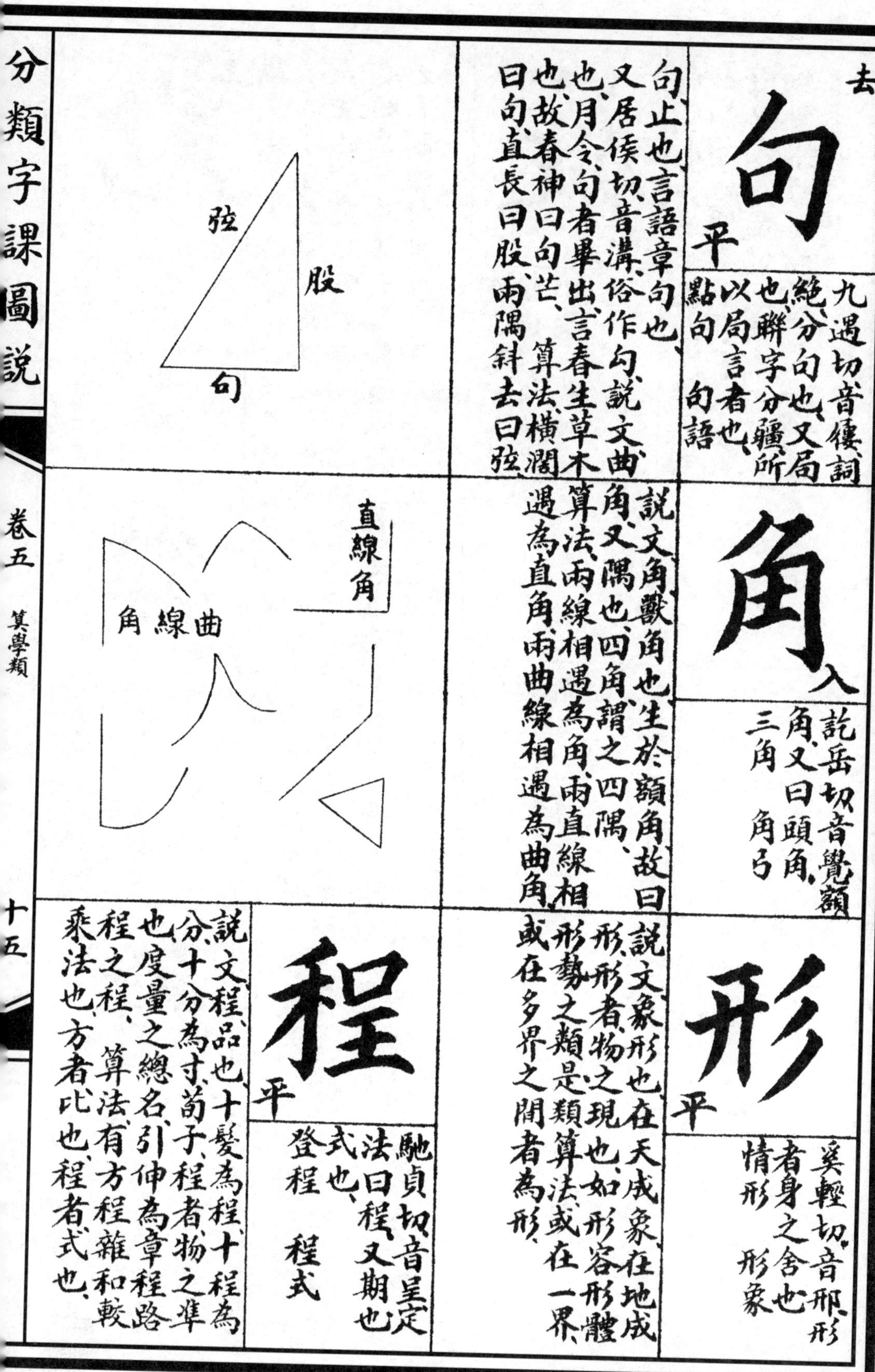

句 去 平

九遇切、音僂、詞絕、分句也、又局也、聯字分疆所以局言者也、 點句 句語

句止也、言語章句也、又居侯切、音溝、俗作勾、說文曲也、月令句者畢出、言春生草木也、故春神曰句芒、 算法、橫濶曰句、直長曰股、兩隅斜去曰弦、

角 入

訖岳切、音覺、額角、又曰頭角、 三角 角弓

說文、角、獸角也、生於額角、故曰角、又隅也、四角謂之四隅、 算法、兩線相遇為角、兩直線相遇為直角、兩曲線相遇為曲角、

形 平

奚輕切、音邢、形者身之舍也、 情形 形象

說文、象形也、在天成象、在地成形、形者、物之現也、如形容形體形勢之類是、類算法、或在一界、或在多界之間者為形、

程 平

馳貞切、音呈、定法曰程、又期也、式也、 登程 程式

說文、程、品也、十髮為程、十程為分、十分為寸、荀子、程者、物之準也、度量之總名、引伸為章程、路程之程、 算法、有方程、雜和較乘法也、方者比也、程者、式也、

點 上

多忝切、音玷、無分為點、

粧點　點頭

說文、小黑也、以筆分句為點、以筆減字亦為點、又萬物之始也、又注也、如定點質點聲點化點之類是、算法有起點、自點引之而為線、自線廣之而為面、

綫 去

私箭切、音線、通作線、細絲也、

電綫　綫索

說文、縷也、可以縫衣也、算法、線以點為界、有長短無闊狹者也、謂之線、有闊狹無厚薄者謂之面、有長短闊狹厚薄俱全者、謂之體、

螺 平

落戈切、音騾、蚌屬、亦作螺、

旋螺　螺絲

蠃類、大小不一、其形狀亦各異、大都產於泥水中、首戴肉角二、外殼有紋、旋繞其上、今之蠃絲釘似之、又魯果切、音祼、說文、螺、蠃也、

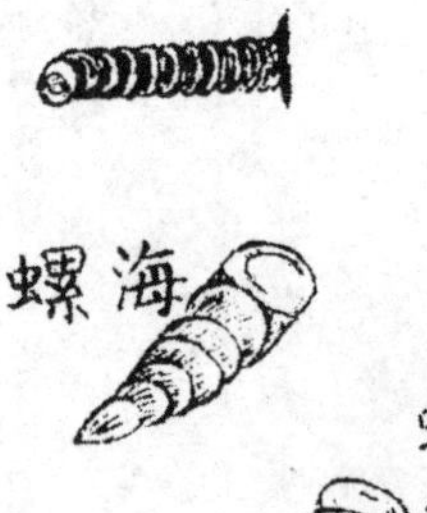

旋 平

旬緣切、音璿、回繞曰旋、又返也、

周旋　旋轉

旋、圓也、蓋過也、蠃旋、一名蠃絲、式如圓柱、周有斜文、旋繞如蠃、用以代釘最便、因由漸而入、不致裂木、且可隨意出入、更可用造壓物器具、

經線

緯線

虛線

螺獅釘

海螺

螺獅

託 入

他各切、音柘、寄也、凡寄曰託、

拜託　託寄

託、憑依也、物之有託力、由壓力而生、如舟在水面、其壓力必與水之託力相稱、輕則浮、重則沈、託力不勝壓力則沒、理固然也、壓力若干、即可知託力若干、

毗 平

頻脂切、音毘、助也、又并也、

毗連　毗離

毗、輔也、附也、物有毗離二力、毗中力、生於他物之吸引、相輔而行、如無吸力、則生離中力、然必二力平均、始能不毗不離、旋轉不力也、

向 去

許亮切、音蠁、背之對也、

心向　向上

萬物之力、皆由心起、故彼此吸引之時、不外體心相向、是謂向心力、即如諸曜旋轉、皆向日心、諸物隕落、必向地心、皆彼此吸引之力也、

阻 上

壯所切、音俎、止也、

險阻　阻止

物動則生阻力、如輪船火力必勝水之阻力、始能前行、初行力小、較緩、所遇之水點少、易於分讓、似不甚阻、漸速則漸阻、極速則阻若堅物、必須大力破之、

助 去

狀祚切、音鋤去聲、借助也、

借助　助力

助、益也、力不能勝、益以他力、是為助力、如巨重、人不能移、則用槓桿、自上下物、則用斜面、汲水則用輪軸、提重則用滑車、劈木則用尖劈、壓堅則用螺旋、是也、

離 去 平

鄰知切、音驪、違而去之之謂也、

分離　離別

萬物皆有自由之性、吸之者雖具大力、亦不能并而為之、是謂離心力、即如地球諸曜、其不違日直行者、因有向心力也、其不能與日并合者、因有離心力也、凡離心機器、皆準此理、違之、又讀郎計切、音麗、附也、

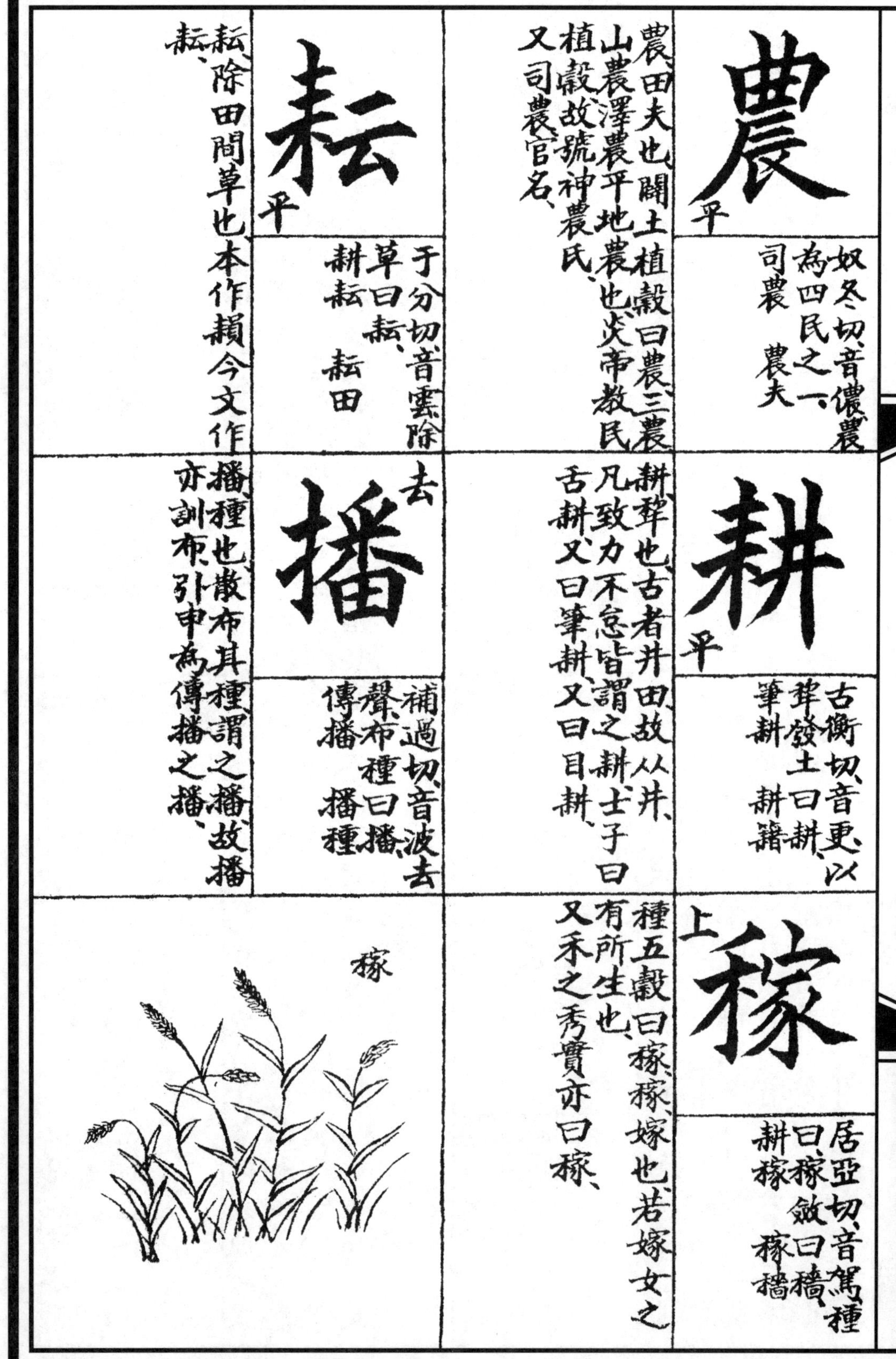

農 平

奴冬切，音儂。農為四民之一。

司農　農夫

農，田夫也。闢土植穀曰農。三農：山農、澤農、平地農也。炎帝教民植穀，故號神農氏。又司農，官名。

耘 平

于分切，音雲。除草曰耘。

耕耘　耘田

耘，除田間草也。本作𦓞，今文作耘。

耕 平

古衡切，音更。以犁發土曰耕。

筆耕　耕籍

耕，犁也。古者井田，故从井。凡致力不怠皆謂之耕。士子曰舌耕，又曰筆耕，又曰目耕。

播 去

補過切，音波，去聲。布種曰播。

播種　傳播

播，種也，散布其種謂之播。故播亦訓布，引申為傳播之播。

稼 上

居亞切，音駕。種曰稼，斂曰穡。

耕稼　稼穡

種五穀曰稼。稼，嫁也，若嫁女之有所生也。又禾之秀實亦曰稼。

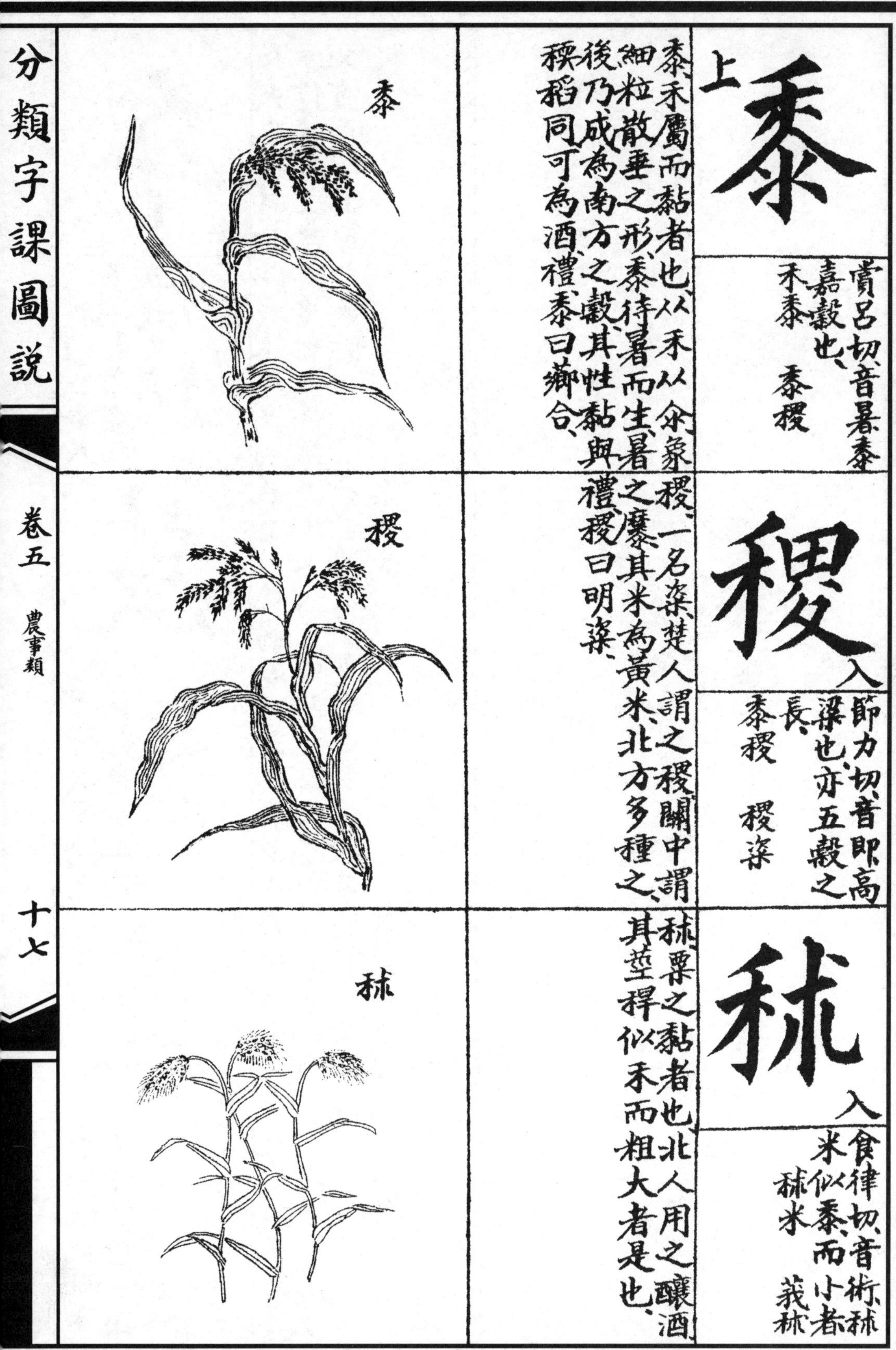

黍 上

賞呂切、音暑、黍、嘉穀也、

禾黍　黍稷

稷 入

節力切、音即、高粱也、亦五穀之長、

黍稷　稷粢

秫 入

食律切、音術、秫米似黍而小者、

秫米　菽秫

黍、禾屬而黏者也、从禾从氽、象細粒散垂之形、黍待暑而生、暑後乃成、為南方之穀、其性黏與稉稻同、可為酒、禮、黍曰薌合、

稷、一名粢、楚人謂之稷、關中謂之糜、其米為黃米、北方多種之、禮、稷曰明粢、

秫、粟之黏者也、北人用之釀酒、其莖稈似禾而粗大者是也、

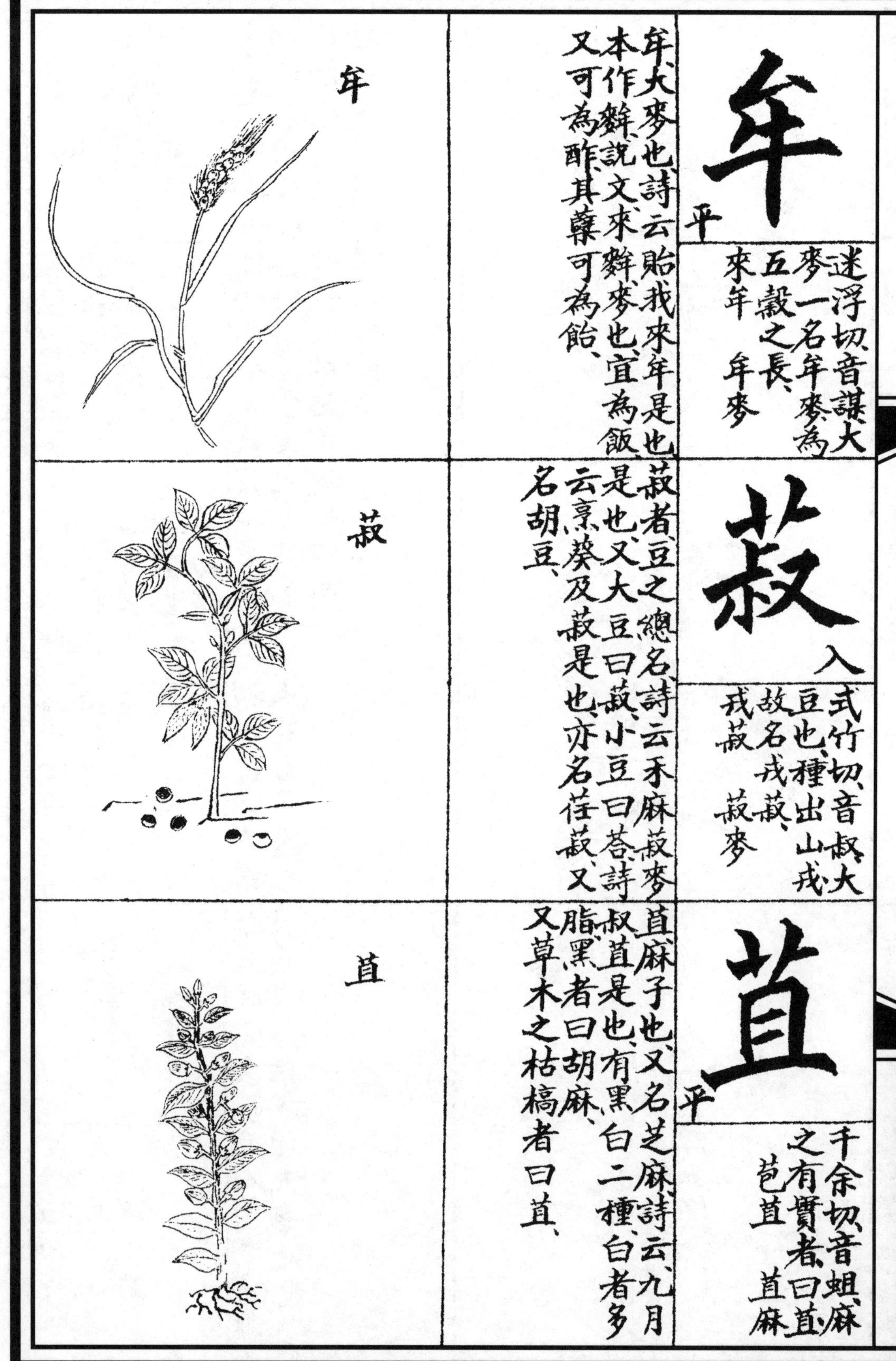

牟 平

迷浮切、音謀、大麥一名牟麥、為五穀之長、

來牟　牟麥

牟、大麥也、詩云貽我來牟是也、本作麰、說文來麰麥也、宜為飯、又可為酢、其糵可為飴、

牟

菽 入

式竹切、音叔、大豆也、種出山戎、故名戎菽、

戎菽　菽麥

菽者、豆之總名、詩云禾麻菽麥是也、又大豆曰菽、小豆曰荅、詩云烹葵及菽是也、亦名荏菽、又名胡豆、

菽

苴 平

千余切、音蛆、麻之有實者、曰苴、

苞苴　苴麻

苴、麻子也、又名芝麻、詩云九月叔苴是也、有黑白二種、白者多脂、黑者曰胡麻、又草木之枯槁者曰苴、

苴

秈 平

相然切，音仙。稻似秔而小者，曰秈。

早秈　秈米

秈，亦粳屬之先熟而鮮明者，故謂之秈，似粳而粒小，品亦多，有赤白二色，其熟甚早，故又謂之早稻。

秔 平

古衡切，音庚。稻之不黏者，曰秔。

香秔　秔米

秔，稻屬也，亦謂之粳，晚熟而香潤，故又謂之晚稻。

稬 去

奴臥切，音懦。稻之黏者，曰稬，俗作糯。

秔稬　稬米

稬，稻屬也，沛國謂稻曰稬，亦謂之秫，其性黏，可為酒，南方水田多種之。

粒 入

力入切，音立。粒顆數也。

顆粒　粒食

粒，米粒也，米食曰粒，凡物質之成顆者皆曰粒。

穅 平

邱岡切，音康。

雞穅　穅屑

穅，穀皮也，或作粇，俗作糠。

粃 上

卑履切，音匕。不成粟，曰粃。

穅粃　粃屑

秕，米屑也，書若粟之有秕，俗作粃。

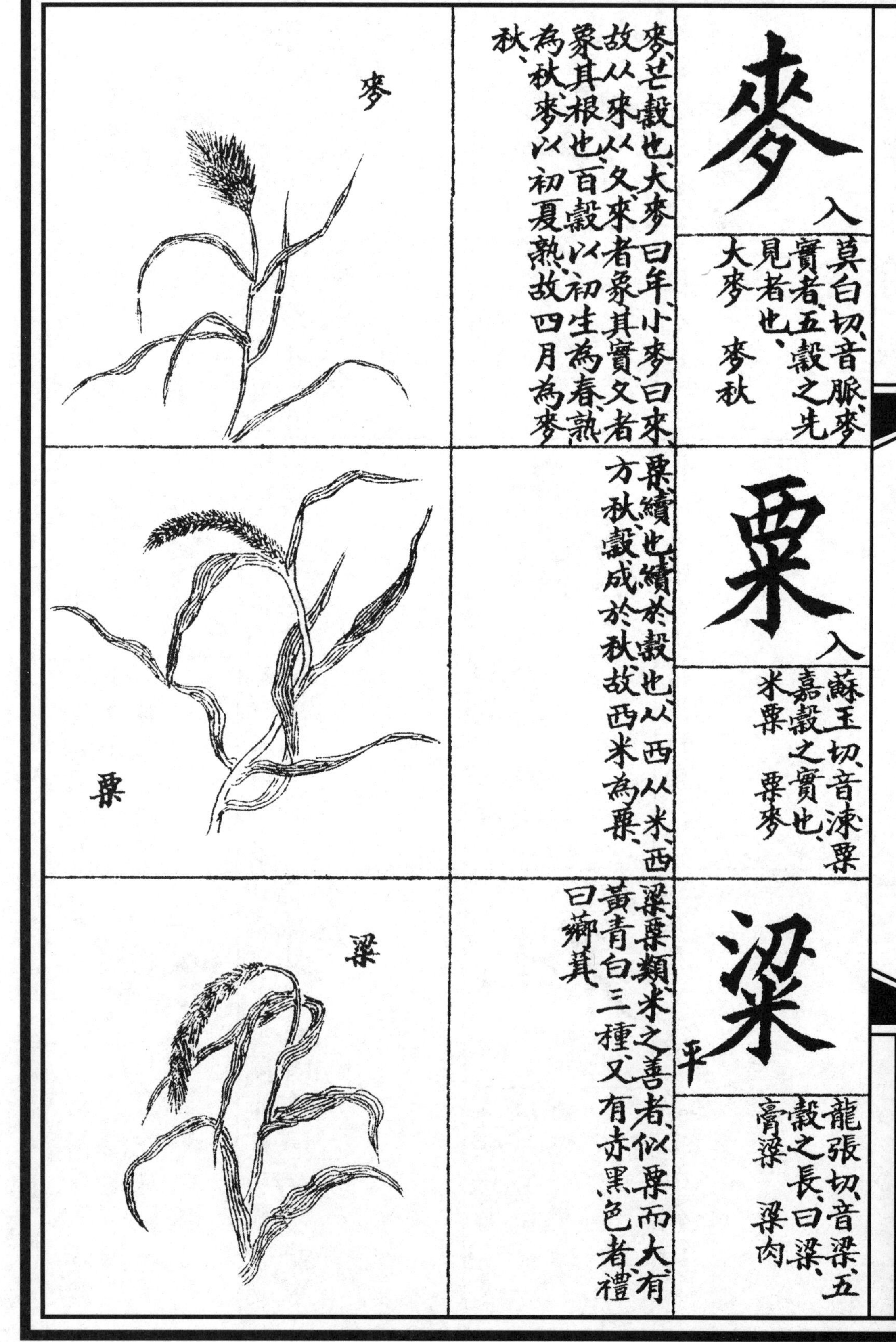

麥 入

莫白切，音脈。麥實者，五穀之先見者也。

大麥　麥秋

麥，芒穀也。大麥曰牟，小麥曰來。故从來，从夂。來者，象其實；夂者，象其根也。百穀以初生為春，熟為秋，麥以初夏熟，故四月為麥秋。

粟 入

蘇玉切，音涑。粟，嘉穀之實也。

米粟　粟麥

粟，續也，續於穀也。从西从米。西方秋，穀成於秋，故西米為粟。

粱 平

龍張切，音梁。五穀之長，曰粱。

膏粱　粱肉

粱，粟類，米之善者。似粟而大，有黃青白三種，又有赤黑色者。禮曰薌萁。

穎　上

庚頃切、音潁、禾穗也、

嘉穎　穎異

穎之謂言莖也、頸也、乃禾穗之挺近末者、穗重則垂、故曰垂穎、引申之凡物之末者皆曰穎、如錐穎筆穎之穎是、

秀　去

息救切、音繡、禾吐華曰秀、

穎秀　秀傑

說文、秀本作秂、从禾从人、人者米也、禾稃殼內有人、是曰秀、明吐華則欲結米也、凡草皆得言秀、如秀葽苦秀是、

稗　去

傍卦切、音粺、草之似穀者、曰稗、

秧稗　稗官

稗、禾之卑賤者也、故从禾从卑、有水旱二種、水稗生水田邊、旱稗生野田中、其實細小、亦可食、北人呼為烏禾、又稗官、小官也、稗說、小說也、

粲　上

蒼晏切、音燦、米之最白者、曰粲、

白粲　粲者

二十斗之粟、舂為六斗大半斗、謂之粲、精無過于此矣、粲米最白、故稱白粲、

粉　上

府吻切、音分字之上聲、分也、

麪粉　粉白

粉者、研米使分散為細末也、故引申之為脂粉之粉、又假為粉飾之粉、

糧　平

龍張切、音良、穀食之通稱、

軍糧　糧食

糧、穀食之統名、故軍中食物統曰糧、貯銀米之處名曰糧臺、

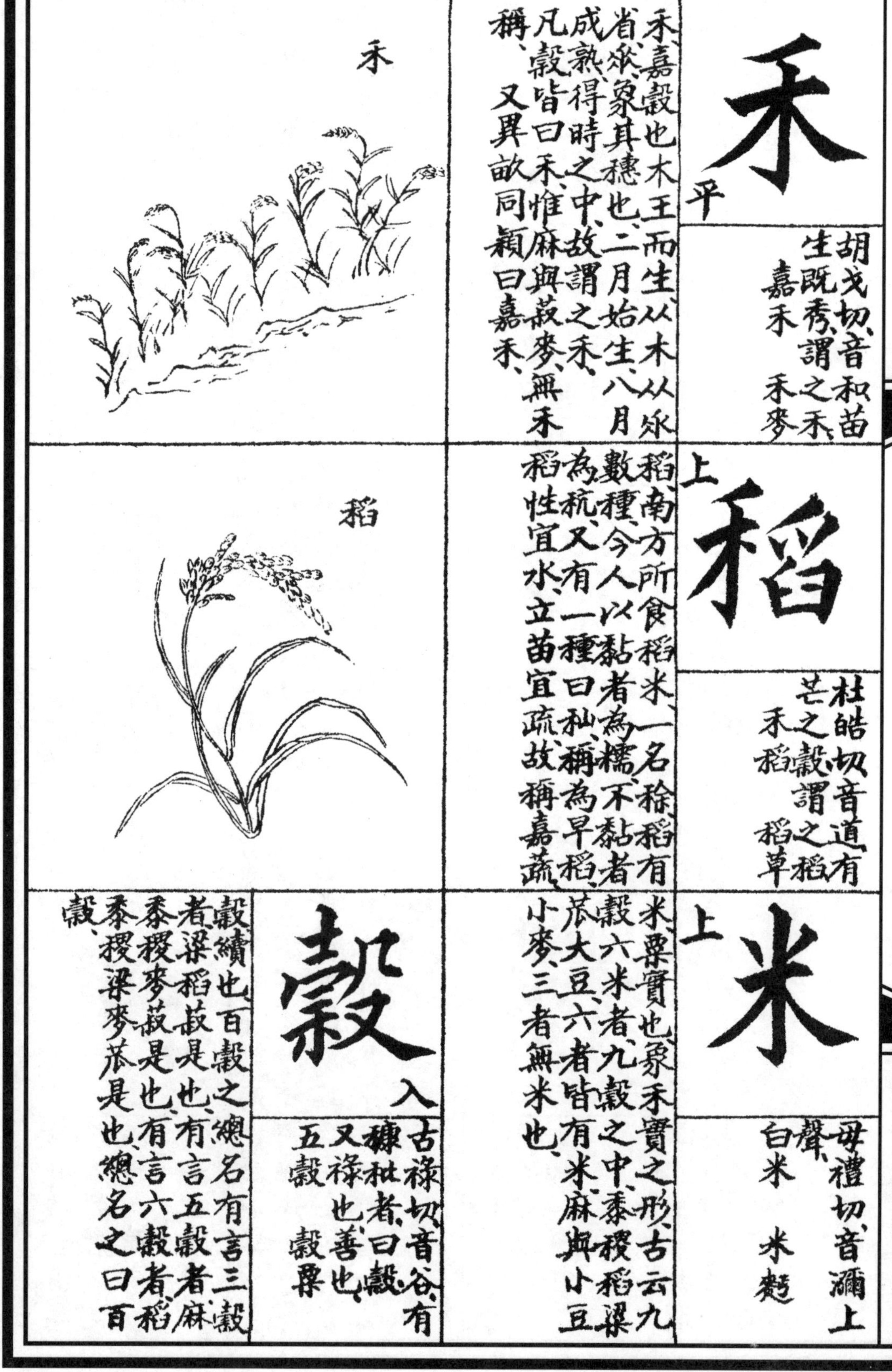

禾 平

胡戈切、音和、苗生既秀、謂之禾、

嘉禾　禾麥

禾、嘉穀也、木王而生、从木从𠂹省、𠂹象其穗也、二月始生、八月成熟、得時之中、故謂之禾、凡穀皆曰禾、惟麻與菽麥無禾稱、又異畝同穎曰嘉禾、

稻 上

杜皓切、音道、有芒之穀謂之稻、

禾稻　稻草

稻、南方所食稻米、一名稌、稻有數種、今人以黏者為糯、不黏者為秔、又有一種曰秈、稱為早稻、稻性宜水、立苗宜疏、故稱嘉蔬、

米 上

母禮切、音瀰、上聲、

白米　米麪

米、粟實也、象禾實之形、古云九穀六米者、九穀之中、黍稷稻粱苽大豆六者皆有米、麻與小豆小麥、三者無米也、

穀 入

古祿切、音谷、有稃秕者、曰穀、又祿也、善也、

五穀　穀粟

穀、續也、百穀之總名、有言三穀者、粱稻菽是也、有言五穀者、麻黍稷麥菽是也、有言六穀者、稻黍稷粱麥苽是也、總名之曰百穀、

墾 上

口很切，音懇。用力反土，曰墾。
開墾　墾田

墾，除荒也。耕是種熟田，墾是發荒田。

刈 去

倪制切，音乂。芟草曰刈。
刈穫　刈禾

刈，芟草也。本作乂，後人加刀作刈。又通艾，艾，絕也。言去草務絕其根也。

鋤 平

士魚切，音鉏。耘田曰鋤。
耨鋤　鋤奸

鋤，立耨所用也。本作鉏，鉏者，助也。去草助苗也。

撒 入

桑葛切，音薩。播種曰撒。又撒手、撒撥，皆用撒。
撒秧　撒手

撒，散之也。从手从散，言隨手分散也。凡農家播種，先以稻包浸數日，俟其生芽，撒於田中，生出數寸，其名曰秧。

耨 上

乃豆切，音槈。除草曰耨。
耕耨　耨田

耨，除草之器也。本作槈，今文作耨。形如鏟，柄尺，刃廣六寸，所以間稼。又有柄長六尺，頭六寸者，所以耘田者也。

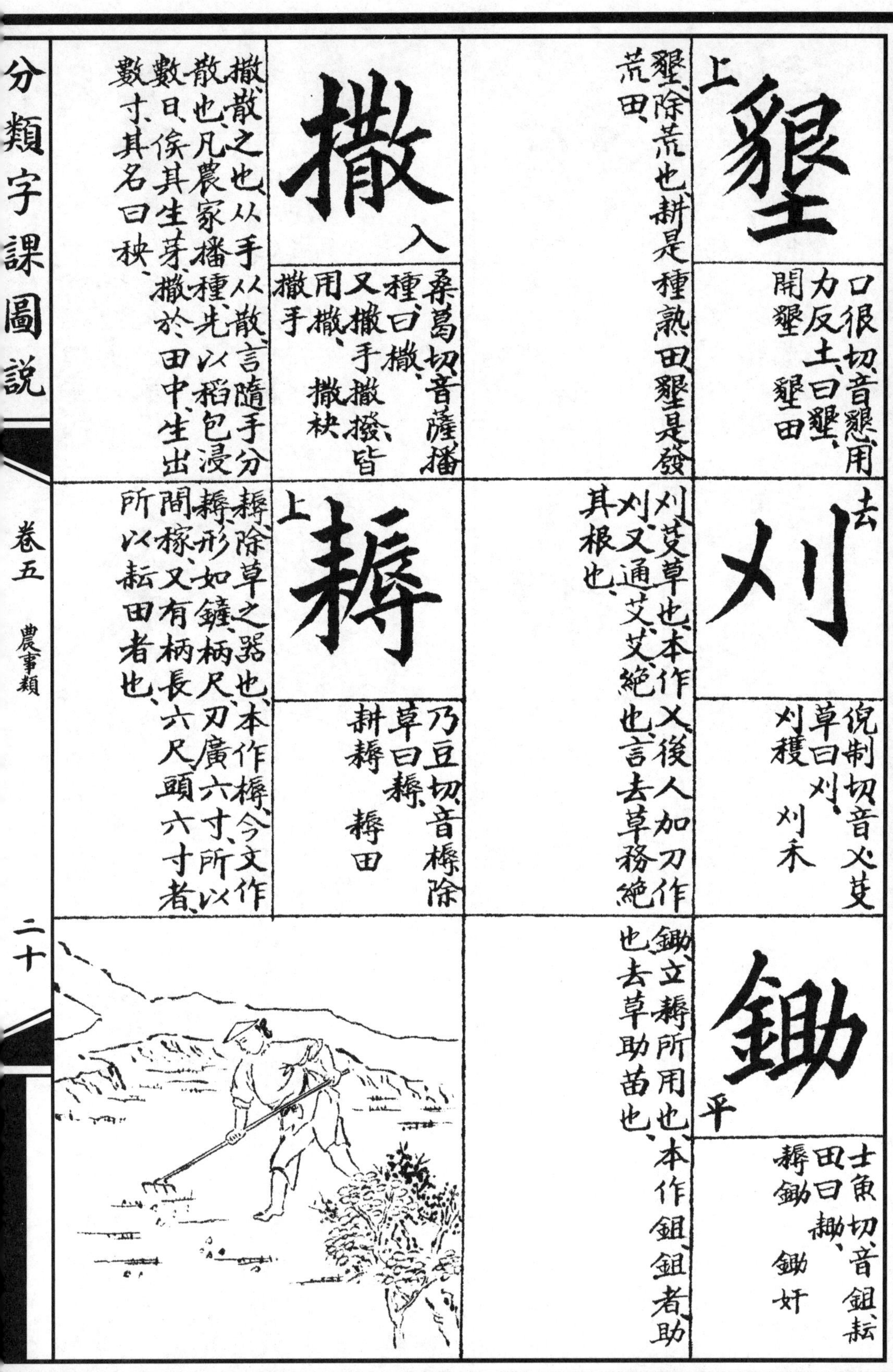

耒 去

盧對切、音類、耜柄曰耒、

耒耜　負耒

耒、手耕曲木也、古者神農作耒、耒下前曲接耜、人持之以正耕者也、

秉 上

補永切、音丙、禾盈握曰秉、又量名、

秉鈞　五秉

禾盈把曰秉、以手握物亦曰秉、故掌政治之權者曰秉鈞、引申為秉彝之秉、又十六斛為秉、

秧 平

於良切、音央、大於苗者、曰秧、

秧田　苗秧

秧、禾苗也、凡草木之初生者、皆曰秧、又蒔謂之秧、

耜 去

序姊切、音似、發土曰耜、

耜田　耒耜

耜、耒端木也、神農作耜、考工記、耜廣五寸、二耜為耦、古者耜一金、兩人併發之、今之耜岐頭兩金、象古之耦也、俗稱鐵搭、

苗 平

眉鑣切、音描、穀之始生、曰苗、

苗民　禾苗

草生於田者、穀曰苗、凡草初生亦曰苗、又春獵曰苗、言為苗除害也、又苗民、番族也、即古三苗之種、

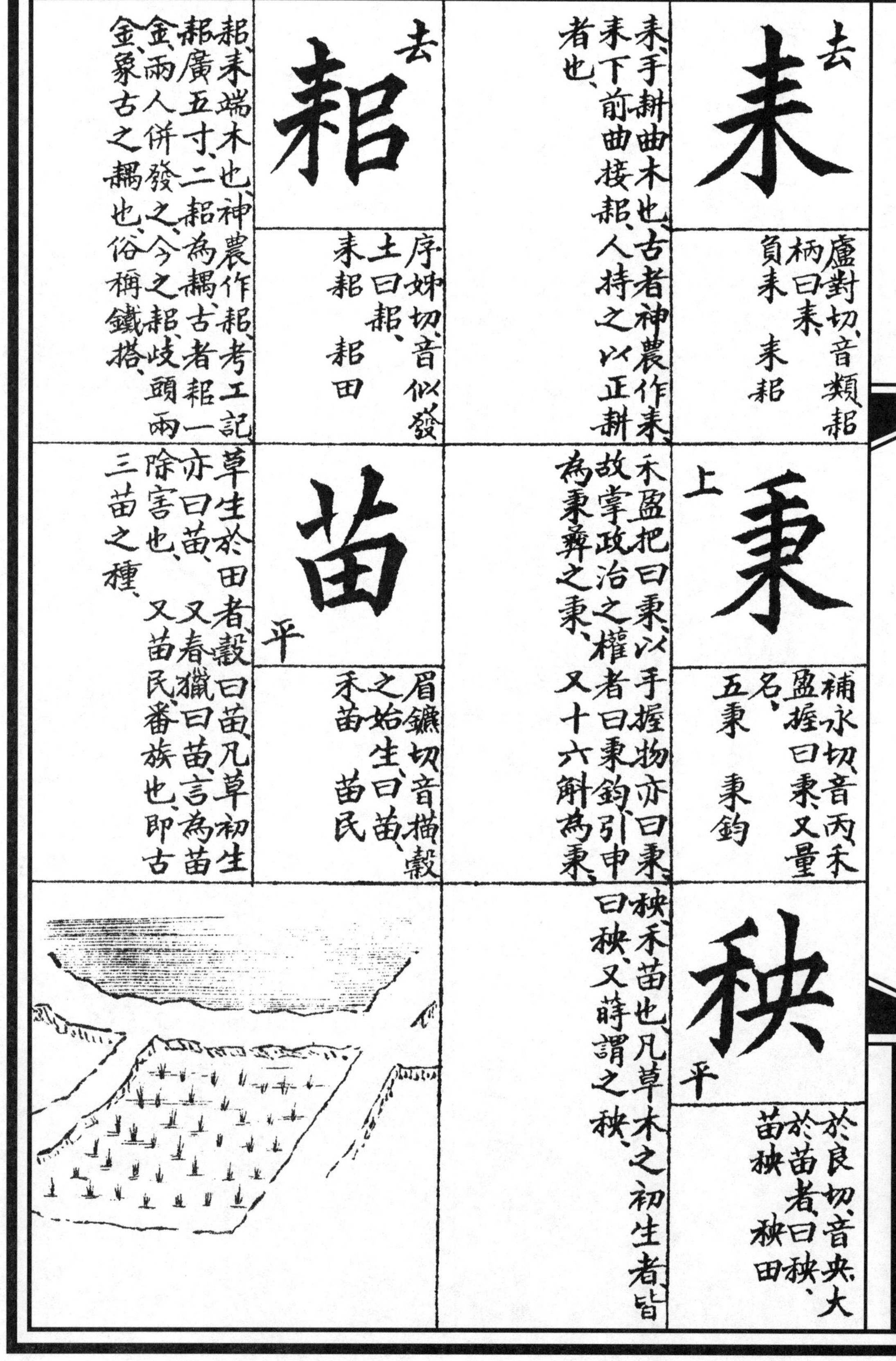

糞 去

方問切，音奮。肥料也。

糞除　人糞

糞，穢也。可以壅田疇，故農家以為肥田之料。又除也，掃除謂之糞除。

培 平

蒲枚切，音裴。壅土曰培。

栽培　培養

培，滋養也。凡植物家講求肥料之學，以培養植物，其壅土之法，要在厚薄得宜。

耦 上

語口切，音偶。二耜為耦。

匹耦　耦耕

耦，並耕也。古者耜一金，兩人併發之，謂之耦。耕二人為耦，故引申為匹耦之耦。

插 入

測洽切，音鍤。分種曰插。

栽插　插秧

插，刺入也。凡農家插秧，俟秧生三十日，即拔起分栽，每四五根為一叢，名曰插秧。

灌 上

古玩切，音貫。注水澆物曰灌。

澆灌　灌注

灌，注也。注水於土，所以滋養植物也。又木叢生曰灌。又與祼通，祼，灌也，以鬱鬯灌地降神，取澆灌之義也。

收 平

尸周切，音蒐。斂物曰收。穀熟曰秋收。

秋收　收割

收，穫也。凡物可收成者，皆謂之收。又收捕也，捕罪人亦曰收。又車軫曰收，夏冠曰收。

犂 平

憐題切、音黎、發土曰犂、

牛犂　犂田

犂、墾田器、犂以牛、故從牛、后稷之孫叔平所作、

芟 平

師銜切、音衫、刈草曰芟、

芟柞

芟、大鐮、所以刈草者、詩云載芟載柞是也、

栽 平

將來切、音哉、草木之植也、

栽培　栽種

栽、築墻長版也、

穡 入

所力切、音色、可收曰穡

稼穡　穡夫

穡、秋收之名也、種之曰稼、斂之曰穡、又惜也、言聚蓄之可惜也、

穫 入

黃郭切、音濩、

隕穫　穫刈

穫、刈穀也、草曰刈、穀曰穫、詩云八月其穫是也、又隕穫、困迫失志貌、

上 杵

敞呂切，音處。擣物之器，曰杵。砧杵，杵臼，搗臼。

去 臼

巨久切，音咎。舂米之器，曰臼。石臼。

上 礱

盧東切，音龍。礧穀之器，曰礱。礱穀。

杵，舂杵也。《易》：斷木為杵，掘地為臼。杵臼之利，萬民以濟。又砧杵，搥衣之具也。

臼，舂臼也。本作臼，省作臼。古者掘地為臼，後世穿木石為之。

礱，礧也。磨穀為礱，所以去穀殼也。

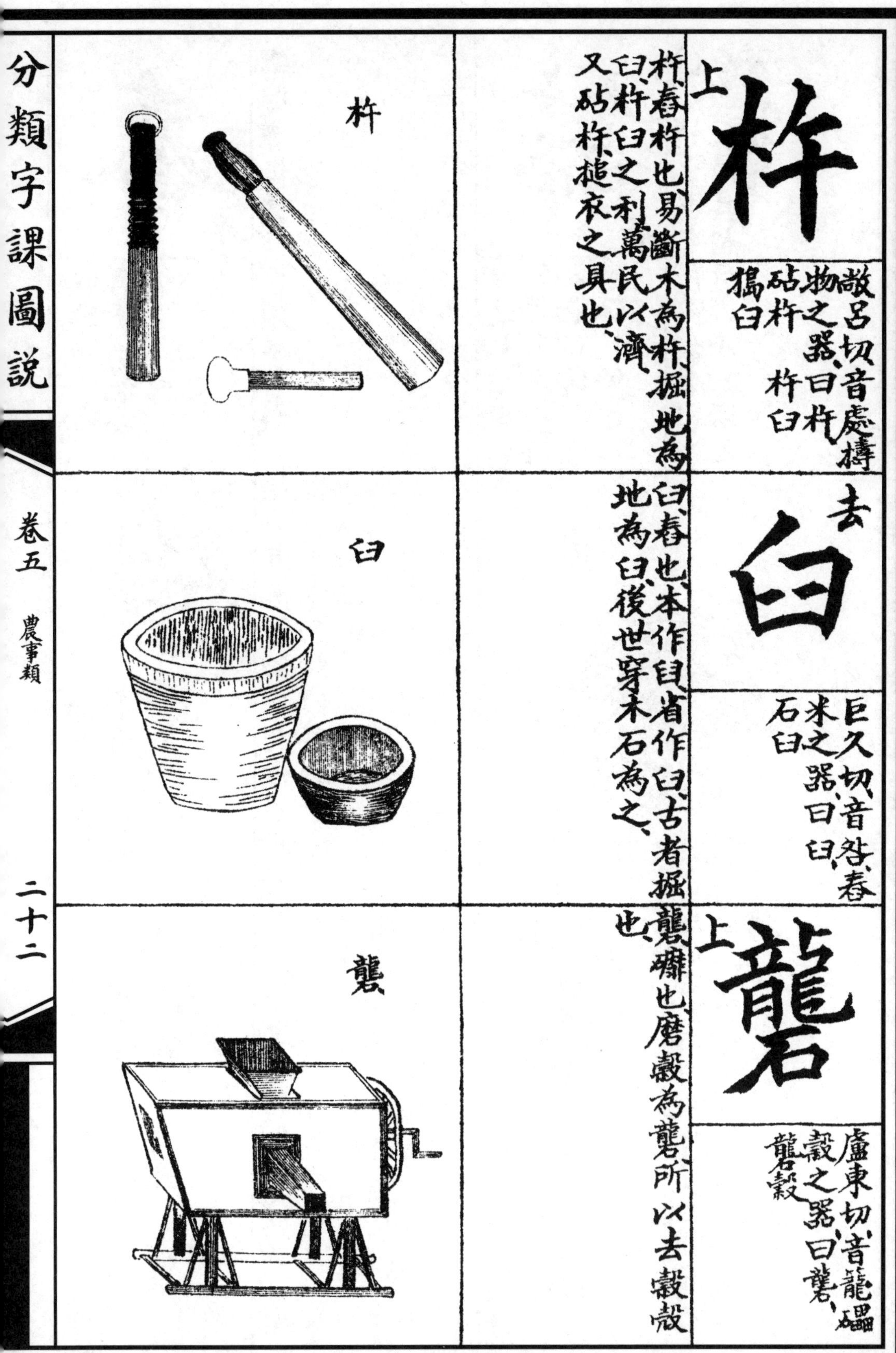

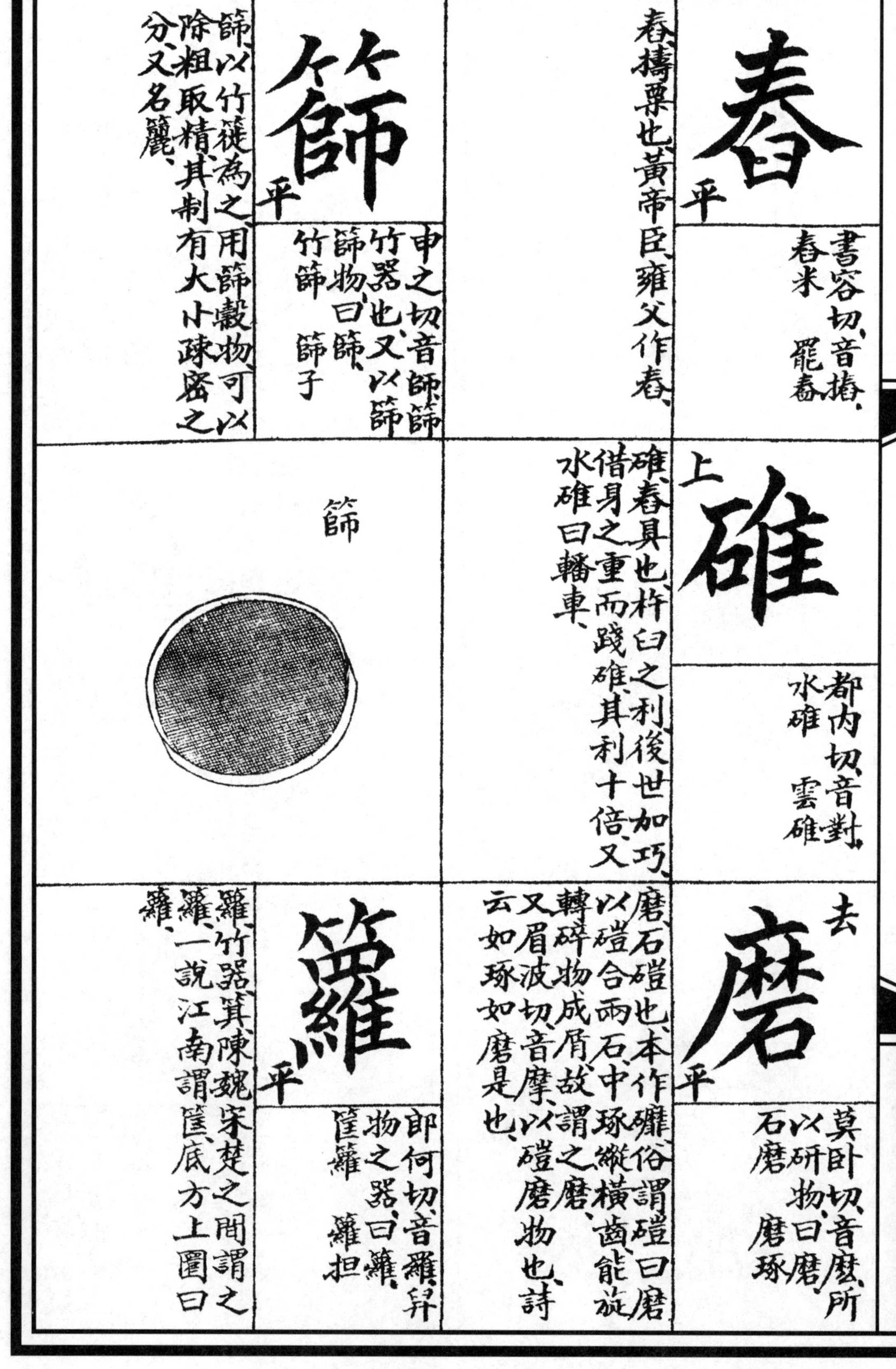

舂 平

書容切、音摏、

舂米　罷舂

舂、擣粟也、黃帝臣雍父作舂、

碓 上

都內切、音對、

水碓　雲碓

碓、舂具也、杵臼之利、後世加巧、借身之重而踐碓、其利十倍、又水碓曰轓車、

磨 去 平

莫臥切、音磨、所以研物、曰磨、

石磨　磨琢

磨、石磑也、本作礳、俗謂磑曰磨、以磑合兩石、中琢縱橫齒、能旋轉碎物成屑、故謂之磨、又眉波切、音摩、以磑磨物也、詩云如琢如磨是也、

篩 平

申之切、音師、篩竹器也、又以篩篩物、曰篩、

竹篩　篩子

篩、以竹篵為之、用篩穀物、可以除粗取精、其制有大小疎密之分、又名籭、

篩

籮 平

郎何切、音羅、舁物之器、曰籮、

筐籮　籮担

籮、竹器、箕、陳魏宋楚之間謂之籮、一說江南謂筐、底方上圓曰籮、

禽 平

渠今切，音琴。二足而羽謂之禽。又曰鳥。飛禽 禽獸

禽，鳥也。或曰鳥獸之總名。禽者，言為人所禽制也。引申為禽獲之禽。

鳥 上

丁了切，音蔦。飛禽曰鳥。元鳥 鳥獸

鳥，長尾禽之總名也。常時曰鳥，胎卵曰禽。又星名。朱鳥，南方之七宿也。又雁曰陽鳥。

鳳 去

馮貢切，音奉。瑞應之鳥也。高六尺許。鳴鳳 鳳凰

鳳，神鳥也。出丹穴山，非梧桐不棲，非竹實不食，非醴泉不飲。身備五色，鳴中五音。有道則見，飛則羣鳥從之。

凰 平

胡光切，音黃。鳳凰 求凰

雄者曰鳳，雌者曰凰。或作皇。爾雅鶠鳳其雌皇。

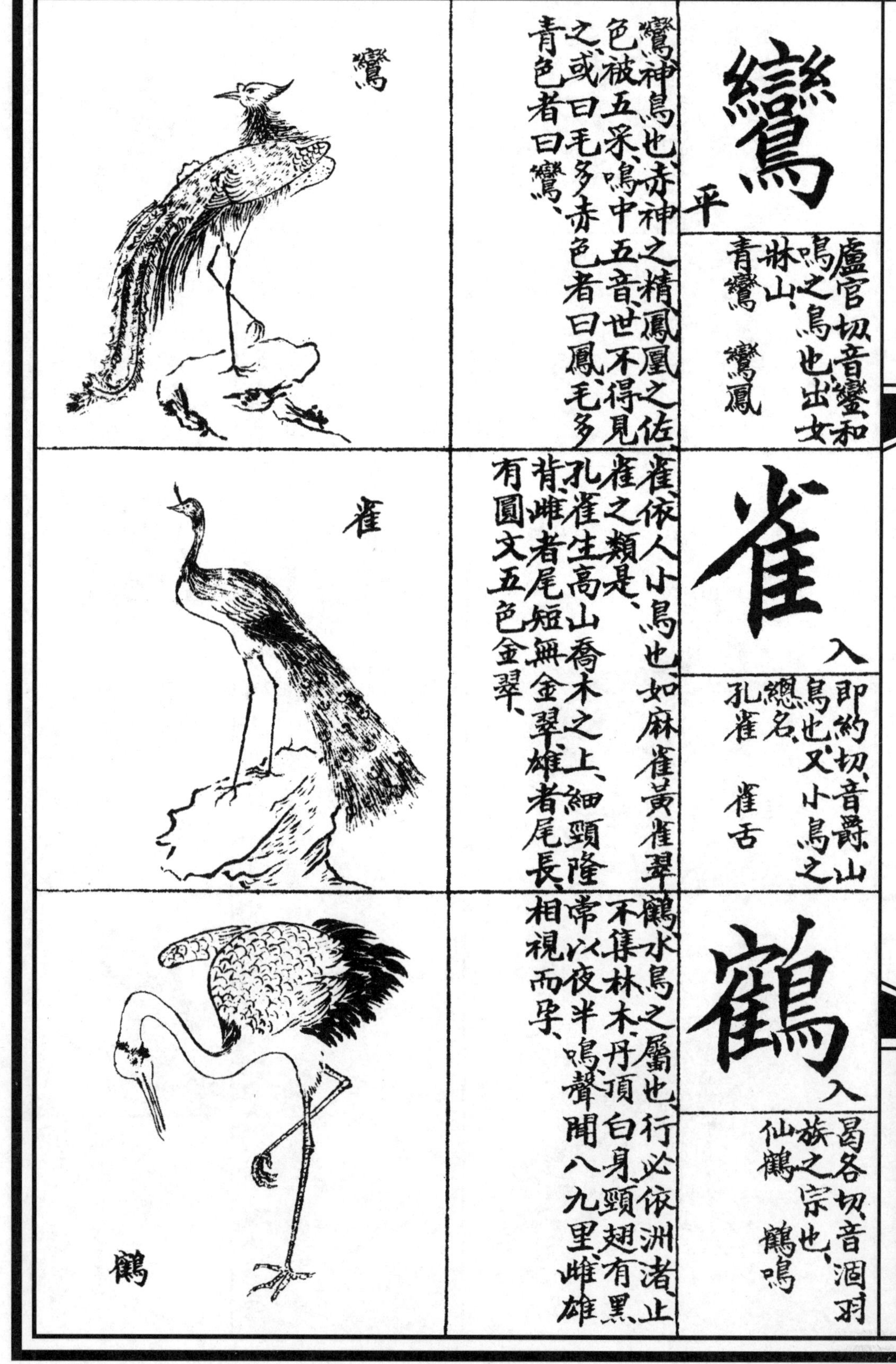

鸞 平

盧官切，音鑾。和鳴之鳥也。出女牀山。

青鸞　鸞鳳

鸞，神鳥也。赤神之精，鳳凰之佐。色被五采，鳴中五音，世不得見之。或曰毛多赤色者曰鳳，毛多青色者曰鸞。

雀 入

即約切，音爵。山鳥也。又小鳥之總名。

孔雀　雀舌

雀，依人小鳥也。如麻雀、黃雀、翠雀之類是。孔雀生高山喬木之上，細頸隆背，雌者尾短無金翠，雄者尾長，有圓文五色金翠。

鶴 入

曷各切，音涸。羽族之宗也。

仙鶴　鶴鳴

鶴，水鳥之屬也。行必依洲渚，止不集林木。丹頂白身，頸翅有黑。常以夜半鳴，聲聞八九里。雌雄相視而孕。

鸚 平

以嬰切，音甖。鸚鵡，俗名鸚哥。鶬鸚　鸚哥

鸚鵡能言鳥也。大者為鸚鵡，小者為鸚哥。雄者喙變丹，雌者喙黑不變。舌如嬰兒，能效人言。又鶬鸚，青鳥也，以立春鳴，立夏止。

鵡

罔甫切，音武。鸚鵡，亦名鸚䳇。鸚鵡

鸚鵡有五色，有赤、有白者，俱丹喙鉤吻，長尾赤足，金睛深目。凡鳥皆四指，三指向前，一指向後。此鳥兩指向後，異於衆鳥。

鳩 平

居尤切，音九，平聲。班鳩　鳩工

鳩，鶻鵃也，一名班鳩。似山雀而小，短尾，青黑色，性最拙，不能為巢，取他鳥之巢居之。喜羣居，故取義於聚。

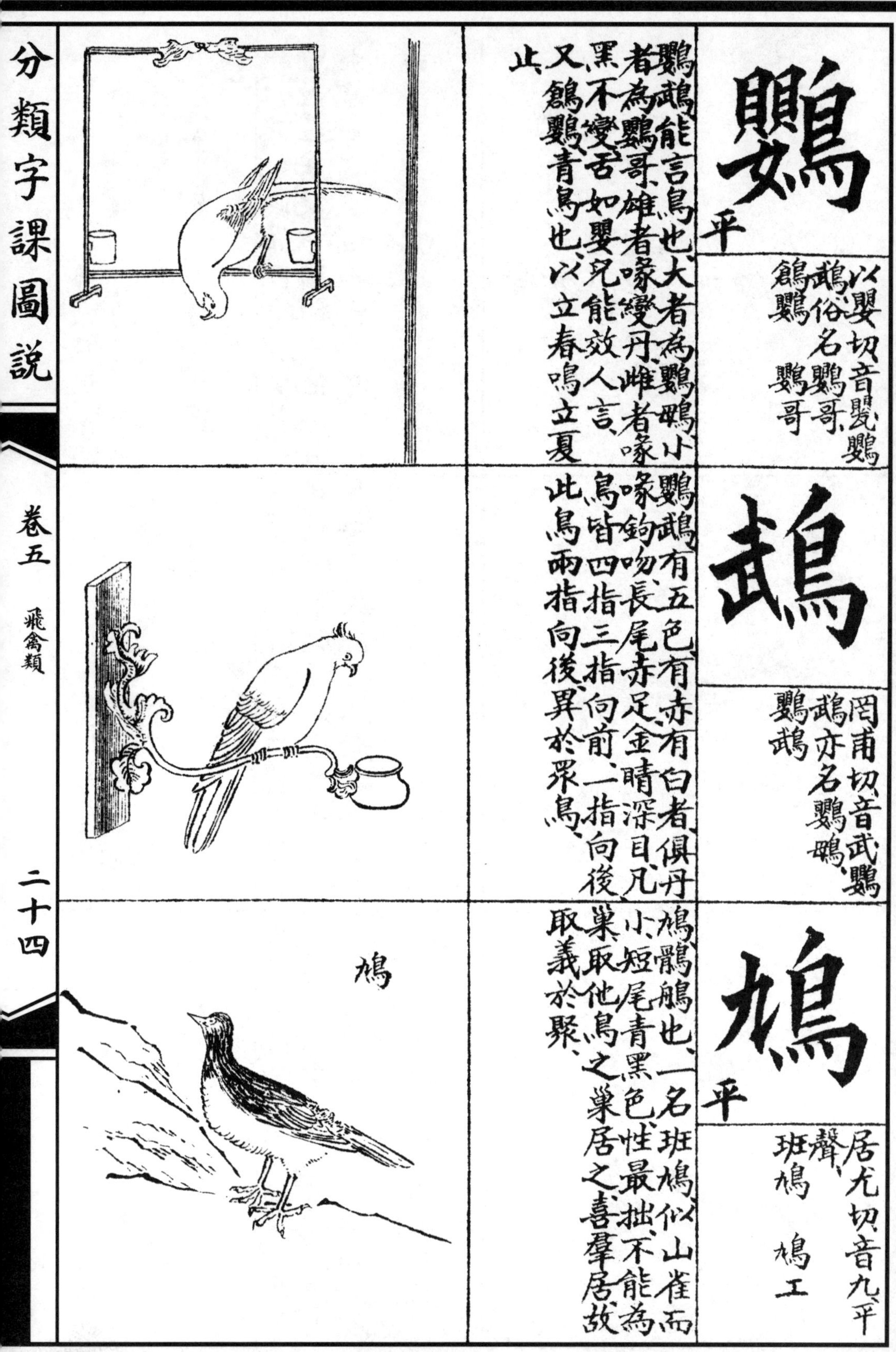

鴇 上

博皓切、音寶、鴇有豹文、一名獨豹

鴇母　老鴇

鴇、水鳥也、似雁而有斑文、無後趾、性羣居、純雌無雄、與他鳥合、故娼家之主母、稱為鴇母、

鴇

烏 平

汪胡切、音汙、孝烏、一名寒雅

首烏　烏鴉

烏、孝鳥也、純黑而反哺者謂之烏、白腹不反哺者、謂之雅烏、體全黑、故色之黑者曰烏、

烏

鳸 上

後五切、音户、一名青雀、

桑鳸　鳸從

鳸類有九、曰春鳸、夏鳸、秋鳸、冬鳸、棘鳸、行鳸、宵鳸、老鳸、其桑鳸乃鳸之在桑者、其喙淡白如脂、故又名竊脂、鳸意同扈、止也、其尾長、故假借為鳸從之鳸、

鳸

鶯 平

於莖切音嬰鳥之善鳴者、

黃鶯　鶯燕

黃鶯乃應節趨時之鳥也毛黃羽及尾有黑色雌雄雙飛立春後即鳴麥黃鳴尤甚其聲嚶嚶故又名鸎、

鸝 平

離知切音離黃鸝倉庚也即黃鶯、

黃鸝　鸝鶹

黃鸝即黃鶯其色黃而帶黛故又名黃鸝齊人謂之摶黍周人謂之楚雀秦人謂之黃鸝鶹淮人謂之黃伯勞唐玄宗呼為金衣公子、

鴿 入

葛合切音閤鵓鴿一名飛奴、

白鴿　鴿信

鴿鳩屬為半家半野之禽其性淫而易合凡鳥皆雄乘雌惟鴿雌乘雄逐月有子又名鵓鴿唐明皇呼為飛奴以鴿能傳書也

鷙

支義切音至猛鳥也、

鷹鷙　鷙鳥

鷙擊殺鳥也凡鳥獸之勇猛者皆曰鷙又作摯、

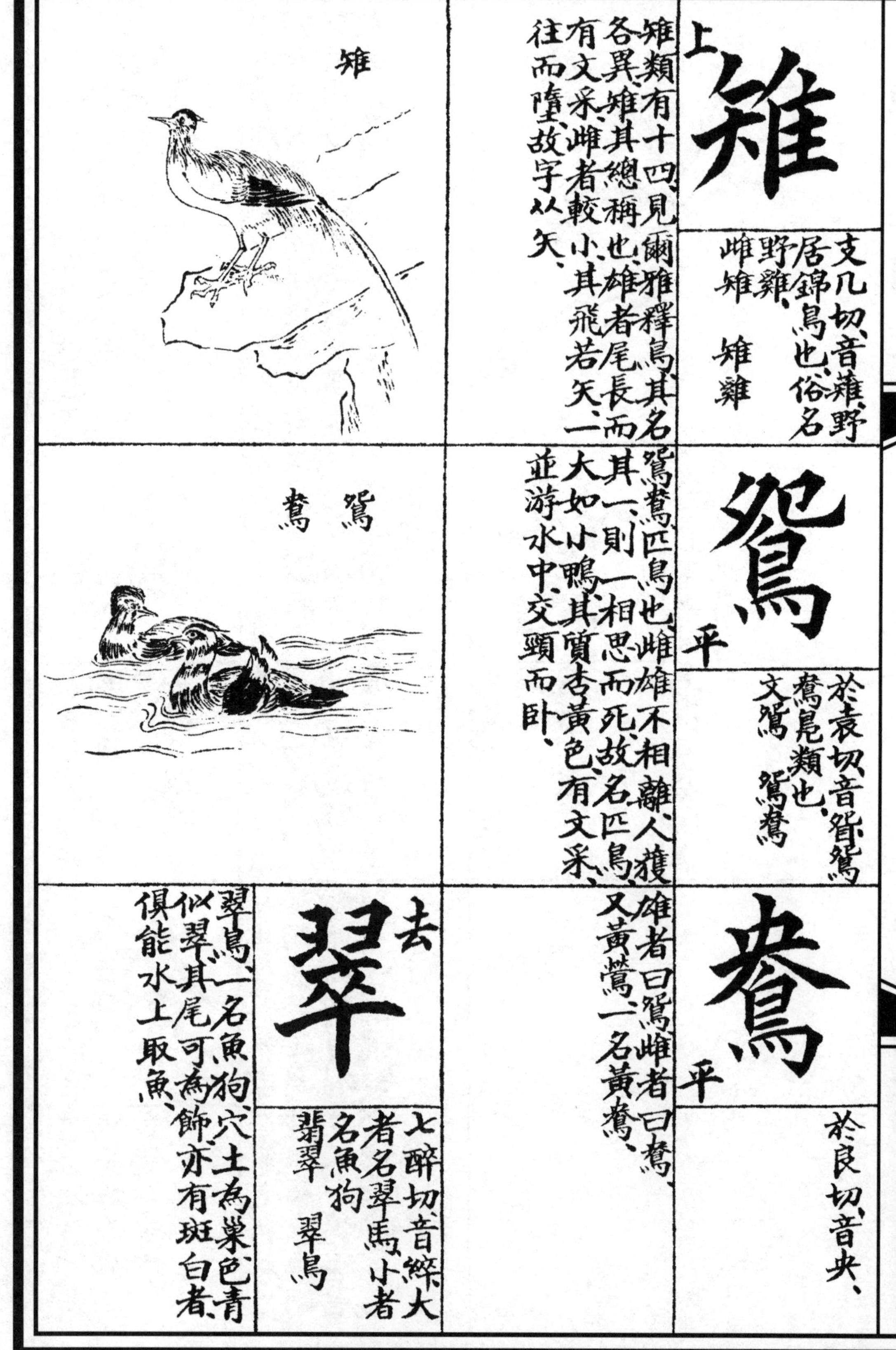

雉 上

支几切、音薙、野居錦鳥也、俗名野雞、

雌雉　雉雞

雉類有十四、見爾雅釋鳥、其名各異、雉其總稱也、雄者尾長而有文采、雌者較小、其飛若矢、一往而墮、故字从矢、

鴛 平

於袁切、音鵷、鴛鴦鳬類也、

文鴛　鴛鴦

鴛鴦、匹鳥也、雌雄不相離、人獲其一、則一相思而死、故名匹鳥、大如小鴨、其質杏黃色、有文采、並游水中、交頸而卧、

鴦 平

於良切、音央、

雄者曰鴛、雌者曰鴦、又黃鶯、一名黃鴦、

翠 去

七醉切、音綷、大者名翠馬、小者名魚狗

翡翠　翠鳥

翠鳥、一名魚狗、穴土為巢、色青似翠、其尾可為飾、亦有斑白者、俱能水上取魚、

鴻 平

胡公切，音洪。雁之大者曰鴻。鴻濛　飛鴻

鴻羽毛光澤，純白如鶴，長頸，肉美如雁。又有小鴻如鳧，色白，今人直謂之鴻。又通作洪，大也。又鴻濛，東方日所出地。

鷹 平

於陵切，音膺。搏擊之鳥也。蒼鷹　鷹隼

鷹一歲曰黃鷹，二歲曰鴘鷹，三歲曰鶬鷹，今通謂之角鷹，又謂之鷂鷹。鷹在衆鳥中，若睡寐然，積怒而生剛，故假借為鷹揚之鷹。

鵬 平

蒲登切，音朋。鯤化為鵬。大鵬　鵬程

大鵬，鵾屬也。鯤之大者，不知其幾千里也，化而為鳥，其名曰鵬。鵬搏扶搖而上九萬里，故稱人前程遠大曰鵬程。

雁 去

魚澗切，音贗。大曰鴻，小曰雁。鴻雁　雁鵝

雁為陽鳥，與燕往來相反，熱則往北，寒則來南，以就和氣。所以為禮幣者，一取其信，二取其和也。飛則有序，取其禮也。失偶不再配，取其節也。

翄 去

矢智切，音翅。鳥翼曰翄。魚翄

大鳥之翼曰翮，小鳥之翼曰翄。

鵰 平

丁聊切，音貂，鷙鳥之大者曰雕，亦作鵰。

皁鵰　鵰扇

雕鳥似鷹而大，黑色，俗呼皁雕，一名鷲，其飛上薄雲漢，翮可為箭羽。又雕琢也，爾雅玉謂之雕，雕謂之琢。

鵠 入

胡沃切，音鶴，陽鳥也，其聲鵠鵠，故名。

鴻鵠　鵠候

鵠大於雁，羽毛白澤，其飛極高而善步，一名天鵝。又射侯曰鵠，鵠之言牿也，牿直也，言人正直乃能中也。

鳧 平

逢夫切，音扶，野鴨曰鳧。

水鳧　鳧鷖

鳧似鴨而小，雜青白色，短喙長尾，肥而耐寒，性好沈，故名沈鳧，俗名野鴨。

鴟 平

稱脂切，音摛。不祥之鳥也。怪鴟 鴟吻

鴟鴞，惡鳥也，捉鳥子食之，晝伏夜飛，其聲甚惡，聞者惡之。江東呼為怪鳥，俗云貓頭鳥，或云鴟與鴞二物也。周公合而詠之，後人遂以鴟鴞為一物，誤矣。

鴞 平

于嬌切，音猇。即貓頭鷹也。鴟鴞 鴞吻

鴞，鵩鴞也。鴞有五十餘種，大約頭大嘴利，眼圓體豐，首有卓羽，如貓耳，日伏夜出，其聲甚惡，聞之者以為不祥。青鴞味美，可作羹臛。

梟 上

堅堯切，音驍。梟亦鴟屬。鴟梟 梟雄

梟，不孝之鳥也，一名怪鴟，自關而西謂之梟。其子長大還食其母，故云不孝。又罪人正法懸首示衆曰梟首。

鷺 去

魯故切，音路。俗名鷺鷥，又名絲禽。白鷺 鷺絲

鷺，水鳥也，林棲水食，羣飛成序，潔白如雪，頸細脚長，尾短喙尖，頂有長毛數十莖，毿毿然如絲，欲取魚則弭之。

鷂 去

弋笑切、音燿、鷙鳥也、鷹之小者曰鷂、

鷹鷂　鷂子

鷹在北曰鷹、在南曰鷂、一曰大者為鷹、小者為鷂、一曰鷂為鸇、鸇為布穀、久復為鷂、此物變也、其實鸇鷹一類也、

鷗 平

烏侯切、音謳、水鴞也、一名鷖、

浮鷗　鷗鳧

鷗本作漚、浮游水中、輕漾如漚、故名、在海者曰海鷗、在江者曰江鷗、海中一種隨潮往來者謂之信鳧、

鳶 平

于權切、音緣、鷙鳥也、

紙鳶　鳶飛

鳶、鴟類、其飛也布翅翱翔、詩云鳶飛戾天是也、風鳶以紙為之、引綫而上、又名紙鳶、俗名風箏、

鴉 平

於加切、音丫、鳥之小者曰雅、烏、又語下切、音瘂、大雅、正也、詩有大雅、小雅　烏鴉　鴉雀

雅、楚烏也、一名鸒、又名卑居、秦謂之雅、今俗別作鴉、非、純黑小嘴、反哺者曰烏、大嘴腹下白不反哺者曰雅、今俗以烏雅為一物、誤矣、

燕 平

伊甸切、音宴、知時之鳥也、歸燕　燕巢

燕、玄鳥也、翅長而彎、尾開如翦、春社來、秋社去、其來也、銜泥巢於屋宇之下、其去也伏氣蟄於窟穴之中、或謂其渡海者謬也、

鵲 入

七約切、音碏、俗名喜鵲、喜鵲　鵲噪

鵲如雅、長尾尖嘴、黑爪白腹、毛色雜駁、其鳴唶唶、故謂之鵲、靈能報喜、故謂之喜鵲、又扁鵲、人名、古之善醫者、

雞 平

堅溪切，音稽，家畜也。

家雞　雞鳴

雞者，稽也，能稽時也，故有司晨之名。雞有五德：首戴冠，文也；足搏距，武也；敵在前敢鬬，勇也；見食相呼，仁也；守時不失，信也。

雞

鴨 入

乙甲切，音押，家畜也。家鴨曰鶩，野鴨曰鳧。

野鴨　鴨掌

鴨，舒鳧也。其鳴呷呷，以名自呼，故曰鴨。鳧能高飛，而鴨舒緩不能飛，故曰舒鳧。

鴨

鵝 平

牛何切，音莪，家畜也。

天鵝　鵝蛋

鵝，一名鴚，長脰善鳴，莪首似傲，故名曰鵝。江東人呼為鴚。鵝在家曰鵝，在野曰雁，故鵝亦名家雁，又名舒雁。

鵝

鶉 平

殊倫切、音淳、一名鵪鶉、又星名、南方七宿曰鶉首、鶉火、鶉尾、

鵪鶉　鶉衣

鶉大如雞雛、頭細而無尾、毛有斑點、甚肥、雄者足高、雌者足卑、其性畏寒、夜則羣飛、晝則草伏、人能以聲呼取之、畜令鬭搏、以為戲、

鶉

卵 上

魯管切、音鸞上聲、蛋曰卵、

雞卵　鴨卵

卵、鳥卵也、凡物無乳者曰卵生、鳥卵中黃為陰、外白為陽、陰陽相抱也、

哺 上

蒲故切、音捕、口中嚼食曰哺、

口哺　哺啜

哺、食在口也、爾雅、生哺鷇、言鳥子須母食之也、

雌 平

七移切、音貲、鳥之牝者曰雌、

羣雌　雌伏

雌、母鳥也、鳥之雌雄不可別者、以鳥翼右掩左者為雄、左掩右者為雌、

雄 平

胡弓切、音熊、鳥之牡者曰雄、

英雄　雄飛

雄、壯鳥也、飛曰雌雄、走曰牝牡、又英雄、人才出衆之稱、人物志、鳥之精秀者為英、鳥之將羣者為雄、

飛 平

匪微切、音非、飛者為禽鳥、羣飛　飛鳴

飛、鳥翥也、上旁飛者象鳥頸、下象張翼之狀、

鳴 平

眉兵切、音明、鳥相呼曰鳴、鳥鳴　鳴鼓

鳴、鳥聲也、如詩云鳥鳴嚶嚶是、又獸亦曰鳴、如詩云呦呦鹿鳴是、又凡出聲者皆曰鳴、如禮云大叩大鳴、小叩小鳴是、

羽 上

王矩切、音禹、鳥翅曰羽、鳥羽　羽毛

羽、鳥之長毛也、象兩翅之形、又五聲姑洗為羽、

雛 平

仕于切、音穫、小雞曰雛、雞雛　雛尾

雛、雞子也、爾雅、生噣雛、言其生能自食也、引申為凡小鳥皆謂之雛、

翼 入

逸職切、音弋、鳥翅曰翼、輔翼　翼卵

翼、鳥之兩翅也、鳥賴翼以飛、故引申為輔翼之翼、又星名、月令昏翼中、

爪 上

側絞切、音抓、鳥足曰爪、脚爪　爪牙

爪、抓也、覆手曰爪、鳥足似之、故鳥足曰爪、字亦象爪形也、又有甲曰蹄、無甲曰爪、

翅（去）

施智切，音翅，鳥翼也。魚翅　翅膀

大鳥之翼曰翮，小鳥之翼曰翅，翹，鳥尾長毛也。

翹（平）

祁堯切，音翹，孔雀之屏曰翹。翹翹　翹首

翔（平）

徐羊切，音詳，飛不搖翼曰翔。翔翔　翔集

飛鳥翱遊于空際，而翼不動曰翔，

翮（入）

下革切，音覈，大鳥之翼也。六翮　翮翅

翮，鳥羽也，專言之為羽莖，泛言則為羽翼。翥，鳥飛也。

翥（去）

孝恕切，音[illegible]，鳥高飛也。鳳翥　翥羽

習（入）

席入切，音襲，鳥數飛也。學習　習氣

鳥迴飛而不動其翼曰翔，直飛而數動其翼曰習。

去 獸

舒救切，音狩，地産也。走獸 獸心

獸者，四足而毛之總稱，走者謂之獸，飛者謂之禽。

麒 平

力珍切，音其，毛蟲之長也。麒驎

麒麟，仁獸也。麕身而牛尾，狼額而一角，黃色，馬足，含仁戴義，不踐生蟲，不食生草，音中鍾呂，步中規矩，王者至仁則見。

麟 平

渠宜切，音鄰。麒麟。

牡曰麒，牝曰麟，一曰麒似麟而無角。

牲 平

師庚切，音生，畜之用於祭祀者曰牲。牲口 犧牲

牲，畜也。始養之曰畜，將用之曰牲。六牲即六畜也。

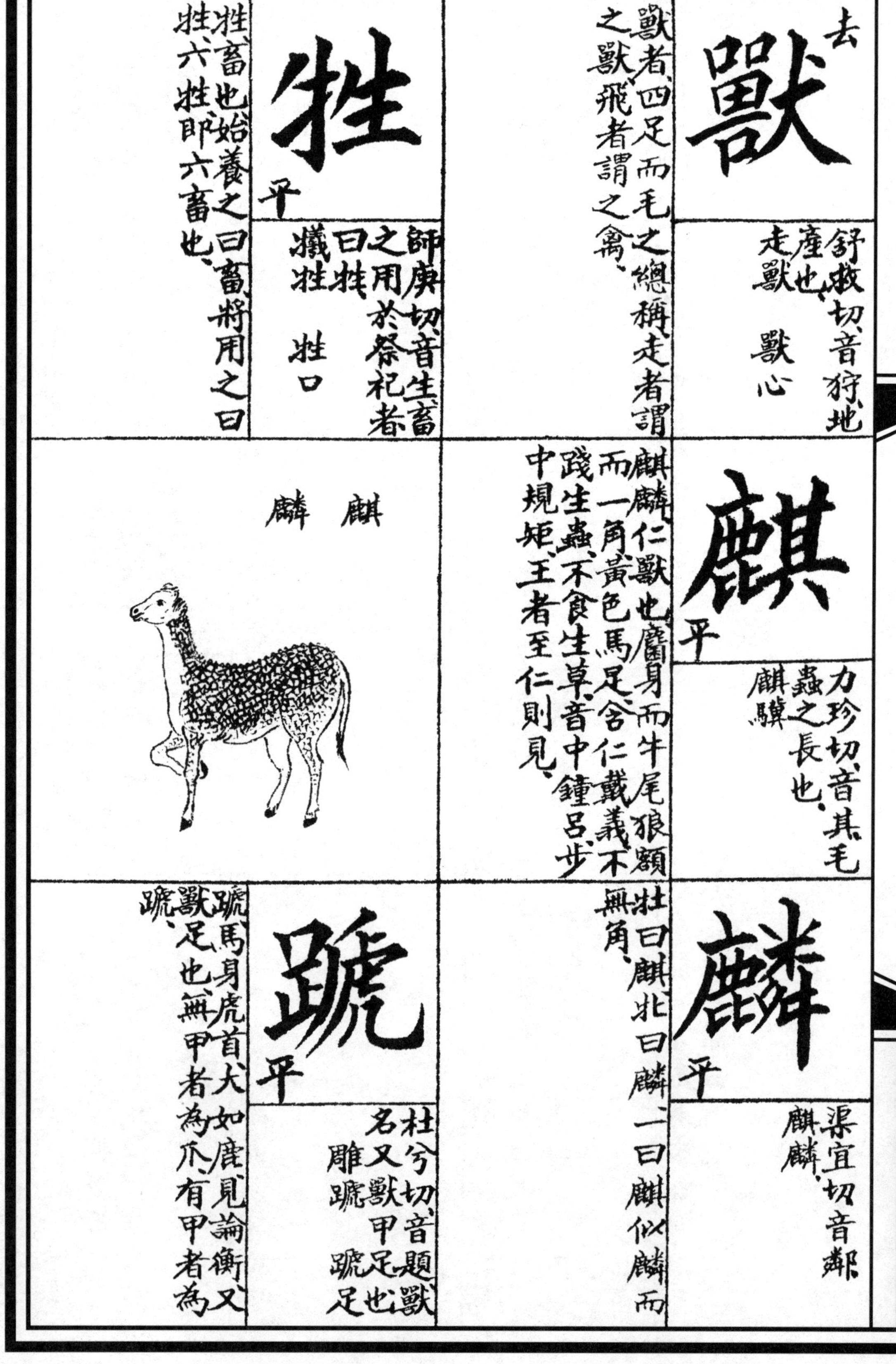

蹏 平

杜兮切，音題，獸名，又獸甲足也。雕蹏 蹏足

蹏，馬身虎首，大如鹿，見論衡。又獸足也。無甲者為爪，有甲者為蹏。

虎

上

火五切，音滸，山獸之君也。

老虎　虎威

虎，猛獸也，狀如猫而大如牛，黃質黑章，聲吼如雷，風從而生，百獸震恐，其搏物三躍不中，則舍之，其性最慈故也。

豹

去

布恔切，音爆，似虎而小者，曰豹。

斑豹　豹尾

豹性最暴，故名曰豹，其類不一，尾赤而文黑曰赤豹，毛白而文黑曰白豹，其文如錢者曰金錢豹，如艾葉者曰艾葉豹，如金線者曰金線豹。

獅

平

霜夷切，音師，百獸之長也。

青獅　獅子

獅，猛獸也，一名狻猊，狀似虎，正黃色，有髯髵，尾上茸毛大如斗，怒則威在齒，喜則威在尾，每一吼則百獸辟易。

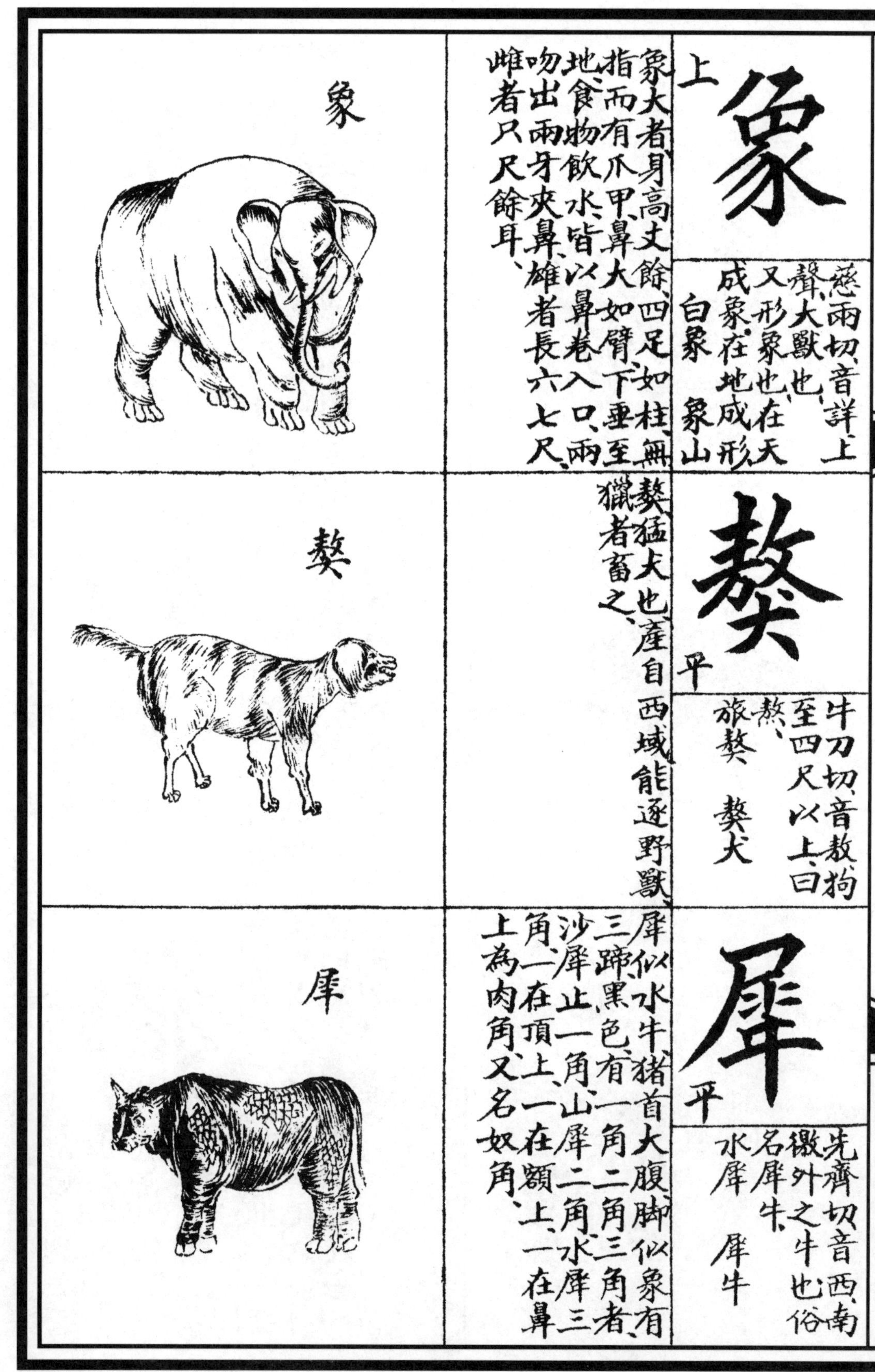

象 上

慈兩切、音詳、上聲、大獸也、又形象也、在天成象、在地成形

白象　象山

象大者身高丈餘、四足如柱、無指而有爪甲、鼻大如臂、下垂至地、食物飲水、皆以鼻卷入口、兩吻出兩牙夾鼻、雄者長六七尺、雌者只尺餘耳、

獒 平

牛刀切、音敖、狗至四尺以上曰獒、

旅獒　獒犬

獒猛犬也、產自西域、能逐野獸、獵者畜之、

犀 平

先齊切、音西、南徼外之牛也、俗名犀牛、

水犀　犀牛

犀似水牛、猪首、大腹、脚似象、有三蹄、黑色、有一角、二角、三角者、沙犀止一角、山犀二角、水犀三角、一在頂上、一在額上、一在鼻上、為肉角、又名奴角、

熊 平

胡弓切，音雄。山居之野獸也。

熊皮　狗熊

熊獸似豕而大，山居，冬蟄入穴，春時乃出，性輕捷，好攀緣上高木，後足能起立如人狀。

熊

兕 上

序姊切，音祀。犀屬，亞洲謂之兕。

兕觥　犀兕

兕如野牛，一角，青色，重千斤，角如馬鞭柄，長三尺餘，其皮堅厚可制甲。

兕

猴 平

呼溝切，音侯。俗名胡孫。

猴子　猿猴

猴，候也，見人設食伏機，則憑高四望，善於候者也。狀如人，尻無毛而尾短，能起立而走，腹無脾以行消食。

猴

猿 平

于元切、音爰。猴之長臂者、曰猨。呼猿 猿猴

猿、猴屬、似猴而長臂、善於攀援上樹、故其字从援省。或曰猴之性躁以覺、猨之性靜以緩、故从爰、爰者緩也、

獺 入

他達切、音闥、毆魚之獸也、水獺 獺祭

獺有三種、水獺四足俱短、頭與身毛皆褊色、長三尺餘、善捕魚、山獺性最淫、一名香貓、取其陰一枚、直金一兩、海獺大如犬、毛着水不濡、

麋 平

忙皮切、音眉、鹿屬也、麋鹿 麋茸

麋、鹿之大者、狀如水牛、色青黑、壯者有角、冬至則解、今人多以麋誤鹿、壯者猶可以解角為辨、牝者通目為大鹿矣、

鹿 入

盧谷切、音錄、麞屬也、一名斑龍 麀鹿 鹿茸

鹿、仙獸也、馬身羊尾、壯者有角、夏至則解、大如小馬、黃質白斑、俗稱馬鹿、牝者無角、小而無斑、毛雜黃白色、俗稱麀鹿、

麈 上

腫庾切，音主。所以拂麈者，曰麈。

揮麈　麈尾

麈似鹿而大，其尾辟麈，古之談者揮焉，今俗稱為拂帚。

駱 入

歷各切，音洛。白馬黑鬣，曰駱。

駝 平

唐何切，音陀。俗名駱駝，亦名槖駝。

駱駝　駝鳥

駱駝，狀如馬而大，其頭似羊，長項垂耳，脚有三節，背有兩峯，有蒼褐黃紫數色，其性耐寒惡熱，其力能負重至千斤，善行沙漠，能久不飲，性最馴良，北人以代騾馬。土番又有獨峯駝，背上一峯隆起若封土，故俗呼封牛，亦曰犎牛。

狸 平

陵之切，音釐。野貓也，俗作貍。

狸貓　香狸

狸，穴居薶伏之獸也，故名曰貍。俗謂之野貓，又謂之香貍，形如貓，有文如豹，而作麝香氣，又有貓貍、虎貍、九節貍等類。

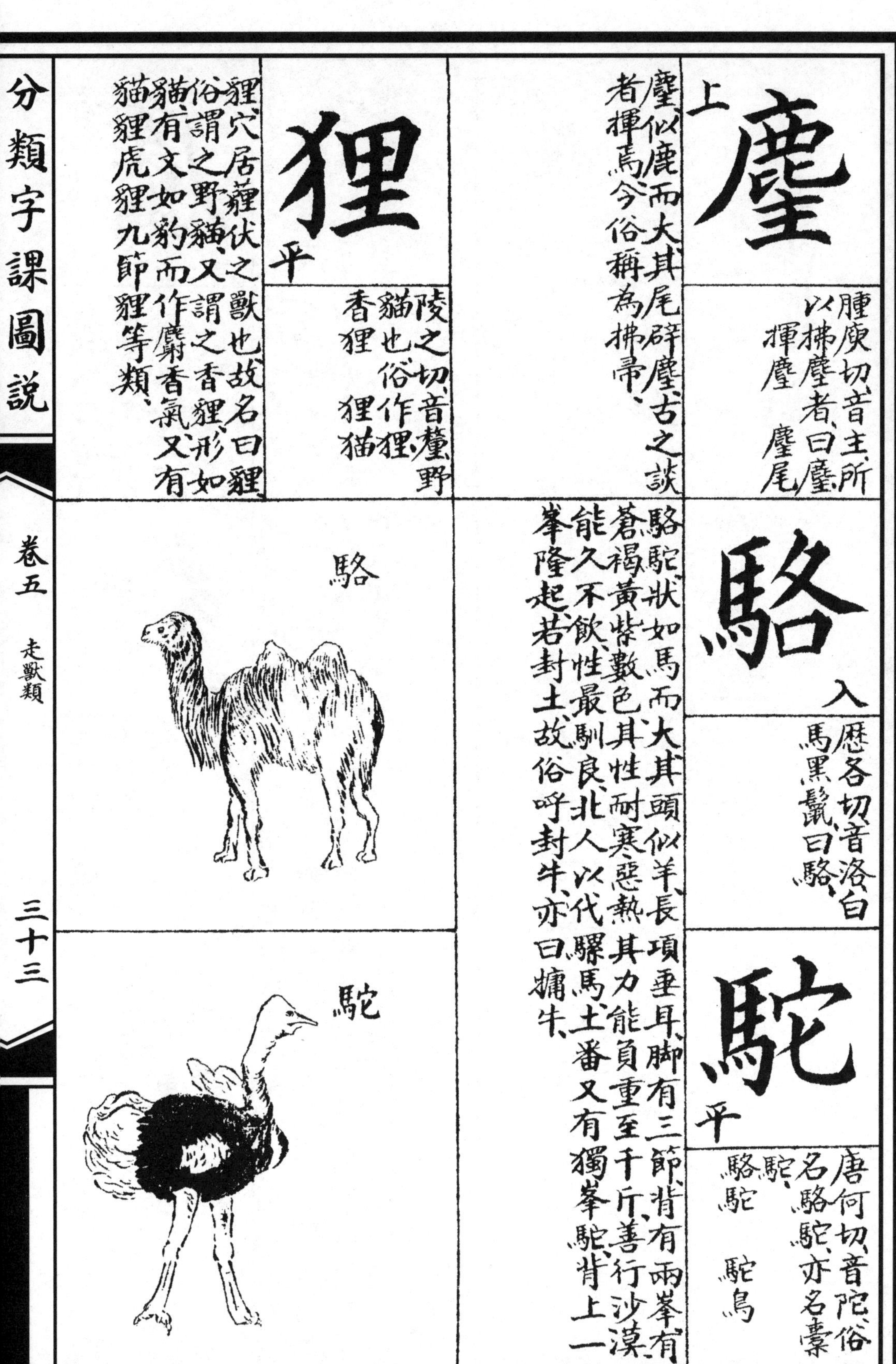

麝 去

神夜切、音射、香鹿也、又名射父、

麞麝　麝香

麝之香氣遠射、故謂之麝、形似麞而小、黑色、常食柏葉、又啖蛇、其香正在陰莖前皮內、別有膜袋裹之、

麝

豺 平

牀皆切、音儕、俗名豺狗、

豺狼　豺虎

豺狼屬也、形似狗而白頰長尾、毛黃褐色、體細瘦、其牙如錐、其吠如哭、人惡之、以為引魅不祥、其氣臊臭可惡、

豺

狼 平

魯當切、音郎、俗名毛狗、

貪狼　狼心

狼豺屬也、大如狗而銳頭尖喙、毛色雜黃黑、或蒼灰、性善顧而貪戾、出則與狽為羣、狽前足短、狼後足短、故曰狼狽相依、

狼

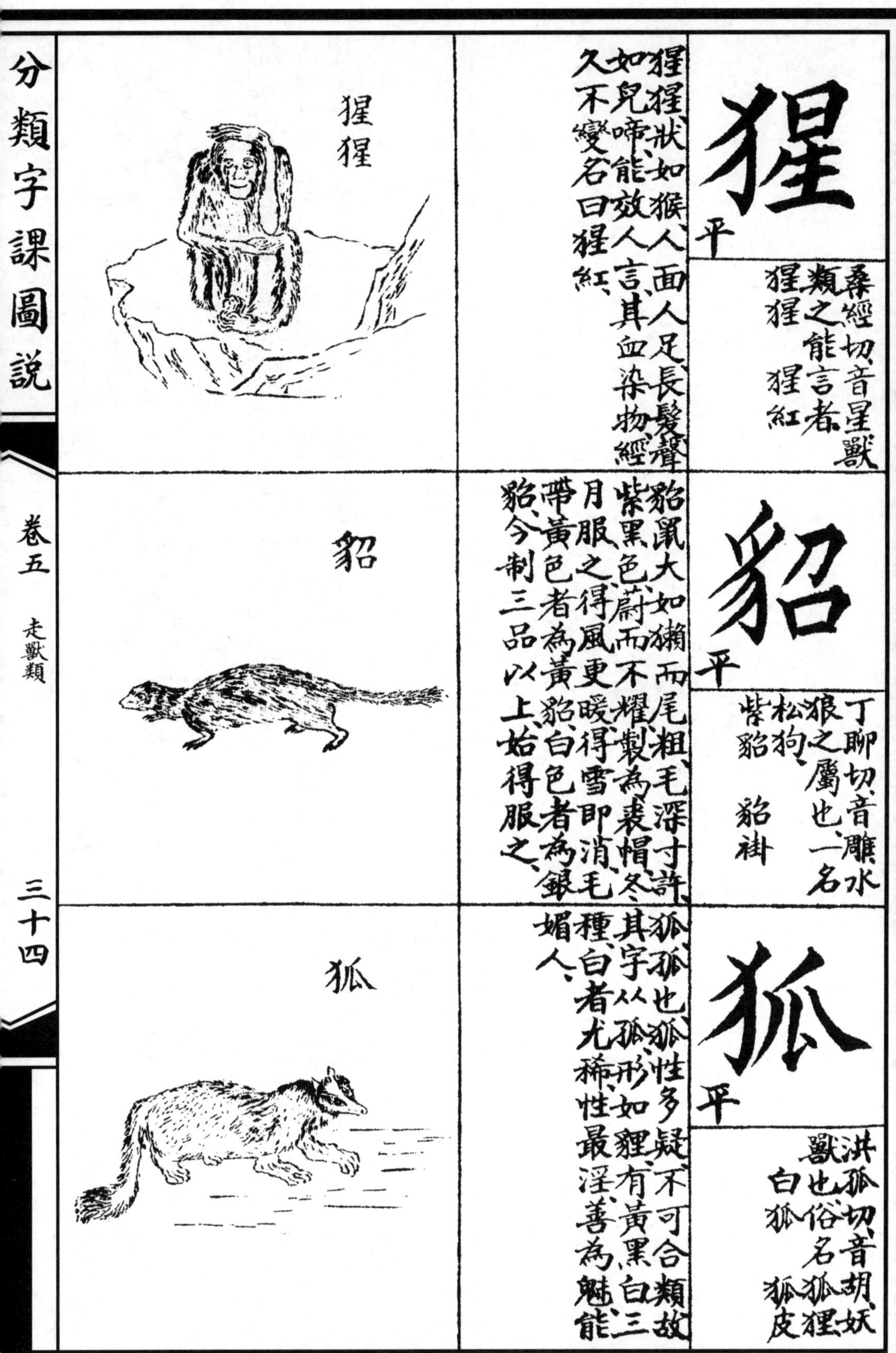

猩 平

桑經切，音星。獸類之能言者。

猩猩 猩紅

猩猩，狀如猴，人面人足，長髮聳，如兒啼，能效人言。其血染物，經久不變，名曰猩紅。

猩猩

貂 平

丁聊切，音雕。水狼之屬也。一名松狗。

紫貂 貂褂

貂鼠，大如獺而尾粗，毛深寸許，紫黑色，蔚而不耀，製為裘帽，冬月服之，得風更暖，得雪即消。毛帶黃色者為黃貂，白色者為銀貂。今制三品以上始得服之。

貂

狐 平

洪孤切，音胡。妖獸也，俗名狐狸。

白狐 狐皮

狐，孤也。狐性多疑，不可合類，故其字从孤。形如貍，有黃黑白三種，白者尤稀。性最淫，善為魅，能媚人。

狐

去 兎

土故切，音吐，鼠屬之缺脣者。

白兎　兎子

兎大如貍，形似鼠而尾短，耳大而銳，上脣缺而無脾，其足前短後高，易馴養，有褐色、白色二種。

平 夔

渠為切，音逵，石之怪曰夔。

夔夔　夔龍

夔神魖也，如龍一足。　又敬懼貌，書夔夔齋慄。　又人名舜臣名夔，典樂之官也。

上 豸

丈蟹切，音豸，觸奸之獸也。

獬豸　豸服

豸與廌通，直獸也，似羊一角，臯陶治獄，令觸不直者，故今內而都察院堂屬各官，外而按察署內大小各官，皆服獬豸補服，蓋取此義。

馬 上

毋下切、音麻、上聲、可以服乘者曰馬、

司馬 馬車

馬、武獸也、一歲曰馬兒、二歲曰駒、三歲曰騑、四歲曰駣、名色甚多、詳見爾雅、又田野浮氣曰野馬、又司馬官名、又竈馬蟲名、

驥 去

几利切、音冀、良馬之稱也、

騏驥 驥尾

驥、千里馬也、伯樂所相者、論語驥不稱其力、稱其德也、驥能行遠、故附其後者曰驥尾、又白驥魚名、

駿 去

子峻切、音俊、良馬曰駿、

八駿 駿馬

駿、馬之美稱也、周穆王欲驅八駿周行天下、又大也、與峻通、

馬

駒 平

恭于切、音朱幼馬曰駒、

白駒 駒馬

駒、馬二歲也、六尺以上曰馬、五尺以上曰駒、又佐駒、小馬別名、龍駒、古之良馬名、又驪駒、歌名、

騮 平

力求切、音留、馬之赤身黑鬣者、

驊騮 騏騮

驊騮、良馬名、

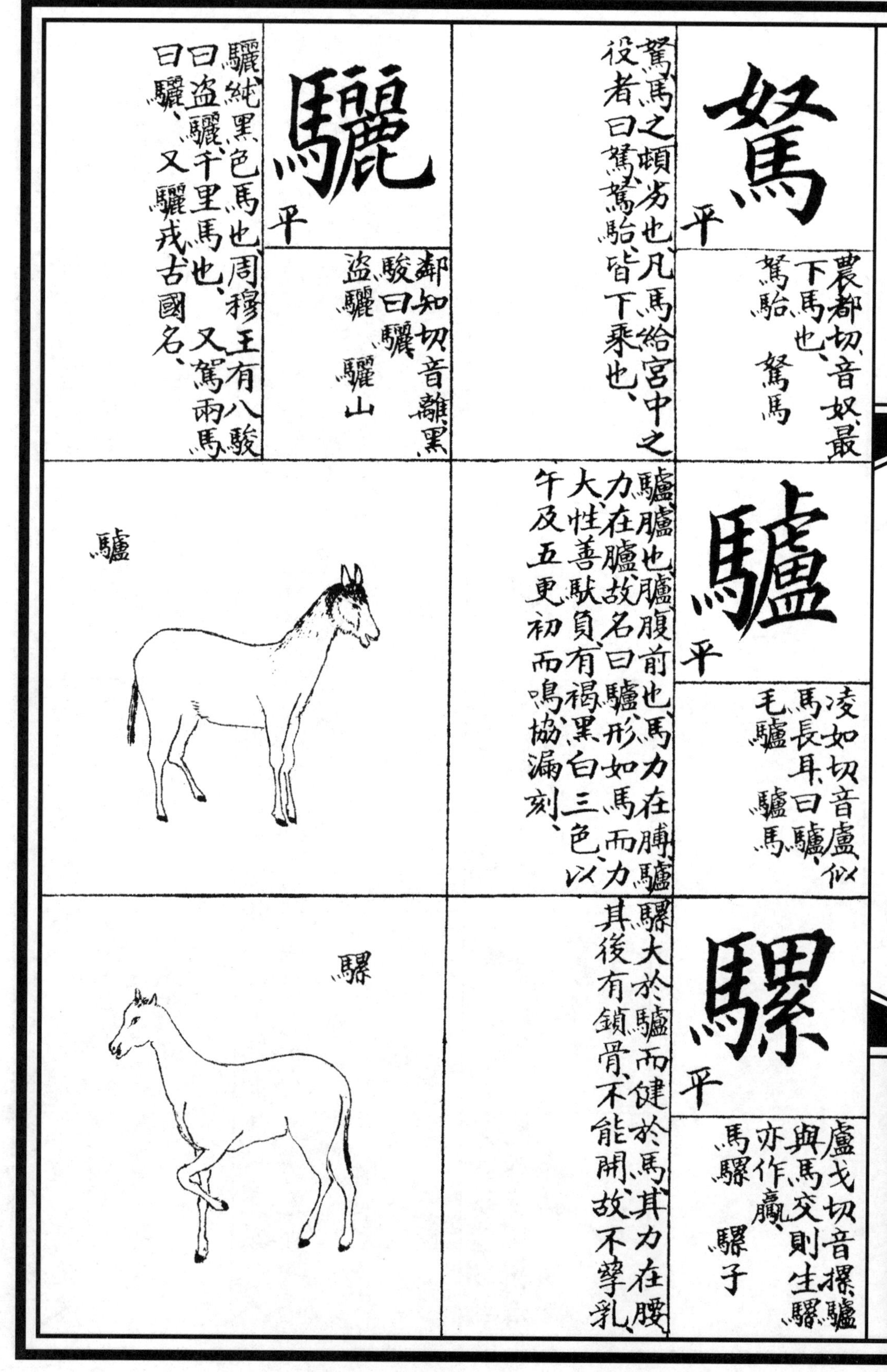

駑 平

農都切、音奴、最下馬也、

駑駘　駑馬

駑、馬之頓劣也、凡馬給宮中之役者曰駑、駑駘、皆下乘也、

驢 平

凌如切、音盧、似馬長耳、曰驢、

毛驢　驢馬

驢、臚也、臚、腹前也、馬力在膊、驢力在臚、故名曰驢、形如馬而力大、性善馱負、有褐、黑、白三色、以午及五更初而鳴、協漏刻、

騾 平

盧戈切、音摞、驢與馬交則生騾、亦作鸁、

馬騾　騾子

騾大於驢而健於馬、其力在腰、其後有鎖骨、不能開、故不孳乳、

驪 平

鄰知切、音離、黑駿曰驪、

盜驪　驪山

驪、純黑色馬也、周穆王有八駿、曰盜驪、千里馬也、又駕兩馬曰驪、又驪戎、古國名、

牛 平

語求切、音犨平聲、服耕之畜曰牛、

耕牛　牛黃

牛曰一元大武、元、頭也、武、足迹也、牛肥則迹大、猶史記稱牛爲四蹄、今人稱牛爲一頭之義、其力大、故又名大牲、其肉與乳皆可以養人、

羊 平

移章切、音陽、六牲之一也、羊曰柔毛、

山羊　羊毛

羊、祥也、故吉禮用羊、毛捲尾大者曰綿羊、毛直尾小者曰山羊、色黑白不一、其肉可食、其皮可爲裘、其毛可織布、

犢 入

徒谷切、音獨、牛子曰犢、

舐犢

犢、小牛也、牛初生曰犢、

羔 平

居勞切、音高、羊子曰羔、

紫羔　羔皮

羔、小羊也、大曰羊、小曰羔、其皮亦可爲裘、

犬 上

苦懸切、音圈卷、尾有圓蹄者曰犬、

犬吠　雞犬

犬與狗通名也、若分而言之、則大者為犬、小者為狗、故月令皆言犬、而周禮有犬人職、無狗人職也、

犬

羚 平

郎丁切、音靈、大羊而細角曰羚、

羚羊　羚角

羚、亦作麢、麢羊似羊而馬尾、短角有圓繞蹙文、夜則懸角木上以防患、其毛色青黑、自胸前至尾垂九塊、故又名九尾羊、

狗 上

舉后切、音苟、守義之畜也、

家狗　狗彘

狗、叩也、吠聲有節、如叩物也、或曰為物苟且、故謂之狗、狗類有三、田犬長喙善獵、吠犬短喙善守、食犬體肥供饌、

猪 平

張如切、音著平聲、豕而三毛叢孔者曰猪、

野猪　猪鬃

猪、豕子也、今亦曰彘、江東呼豨、皆通名也、

猪

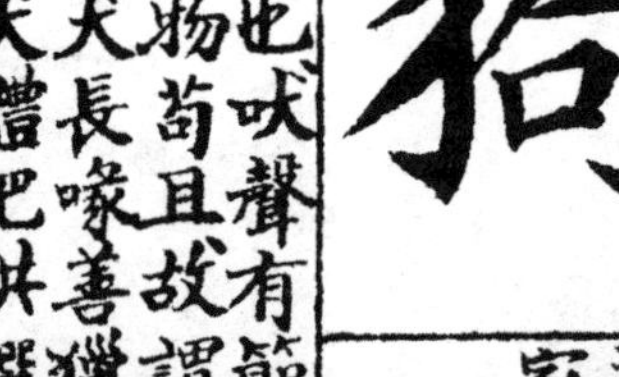

去 **彘**

直例切、音滯、豕母曰彘、
狗彘 母彘

彘、猪也、豬、關東西或謂之彘、或謂之豕、又母豬曰彘、豬後足廢、亦謂之彘、

平 **豕**

詩止切、音始、豬豨之總名也、
犬豕 豕彘

豕、彘也、以其食不潔、故謂之豕、雄者曰豕、雌者曰彘、其子曰豬、

去 **豚**

徒孫切、音屯、小豕曰豚、
肥豚 豚魚

豚、豬子也、凡祭宗廟之禮、豚曰腯豚、

平 **豪**

乎刀切、音毫、俗名野豬、
狼豪 豪豬

豪豕鬣如筆管者、其狀如豚、白毛大脊而黑端、名曰豪豬、又智過百人者謂之豪、豪、英俊也、

豕

去 **畜**

許六切、音旭、豢養者謂之畜、又丑六切、音觸、大畜小畜卦名、
六畜 畜類

畜、養也、六畜、馬牛羊雞犬豕也、禽獸養於家者謂之畜、牢而用諸祭祀者謂之牲、

貓 平

眉鑣切，音苗，家畜也。一名家貍。

野貓　貓睛

貓捕鼠小獸也。鼠害苗而貓捕之，禮記所謂迎貓，為其食田鼠也。貍身而虎面，足短善跳躍。其睛可定時，其鼻常冷，惟夏至一日則暖。性馴易養。

貓

鼠 上

賞呂切，音暑，穴蟲之總名也。

老鼠　鼠輩

鼠小獸也。其喙尖，善穴，故謂之鼱鼠。其壽最長，故謂之老鼠。其性疑而不果，故謂之首鼠。又有松鼠、銀鼠、香鼠、臊鼠等類。

鼠

牝 上

婢忍切，音髕，畜母曰牝。

牝雞　玄牝

牝雌也。在禽曰雌，在獸曰牝。

牡 上

莫后切，音母，畜父曰牡。

牝牡　牡丹

牡雄也。飛曰雌雄，走曰牝牡。又牡丹，花名。

環地福分類字課圖說

陸

花 平

呼瓜切，音譁，蘤之已開者曰花　百花　花卉

花草木之葩也，本作華，从艸从𠂹亏，𠂹象花瓣垂敷之形，亏象萼蒂也，經傳皆作華，晉以下始作花。

萼 入

逆各切，音鄂，花瓣曰萼，或作蕚　花萼

萼花萼也，環繞花心，片片成列，或綠色，或紅白色，俗謂之花瓣。

莖 平

何庚切，音鏗，柱也　金莖　莖葉

艸木之枝柱曰莖，枝葉之因以植立者，花之長鬚亦名莖，一說艸謂之莖，木則曰幹。

葉 入

弋涉切，音枼，生於枝上者曰葉　落葉　葉瓣

葉草木之葉也，初放曰芽，已長曰葉，發生枝上，收養炭氣以成全樹之用。

又式涉切，音攝，地名，又姓也，後世與木葉同音。

瓣 去

皮莧切，音辦，花片曰瓣　花瓣　瓣蒂

瓣瓜中實也，假借為花瓣之瓣，又匹見切，音片，義同。

芽 平

牛加切，音衙　含芽　芽茶

芽萌芽也，草木初生曰芽，枝葉初出曰芽。

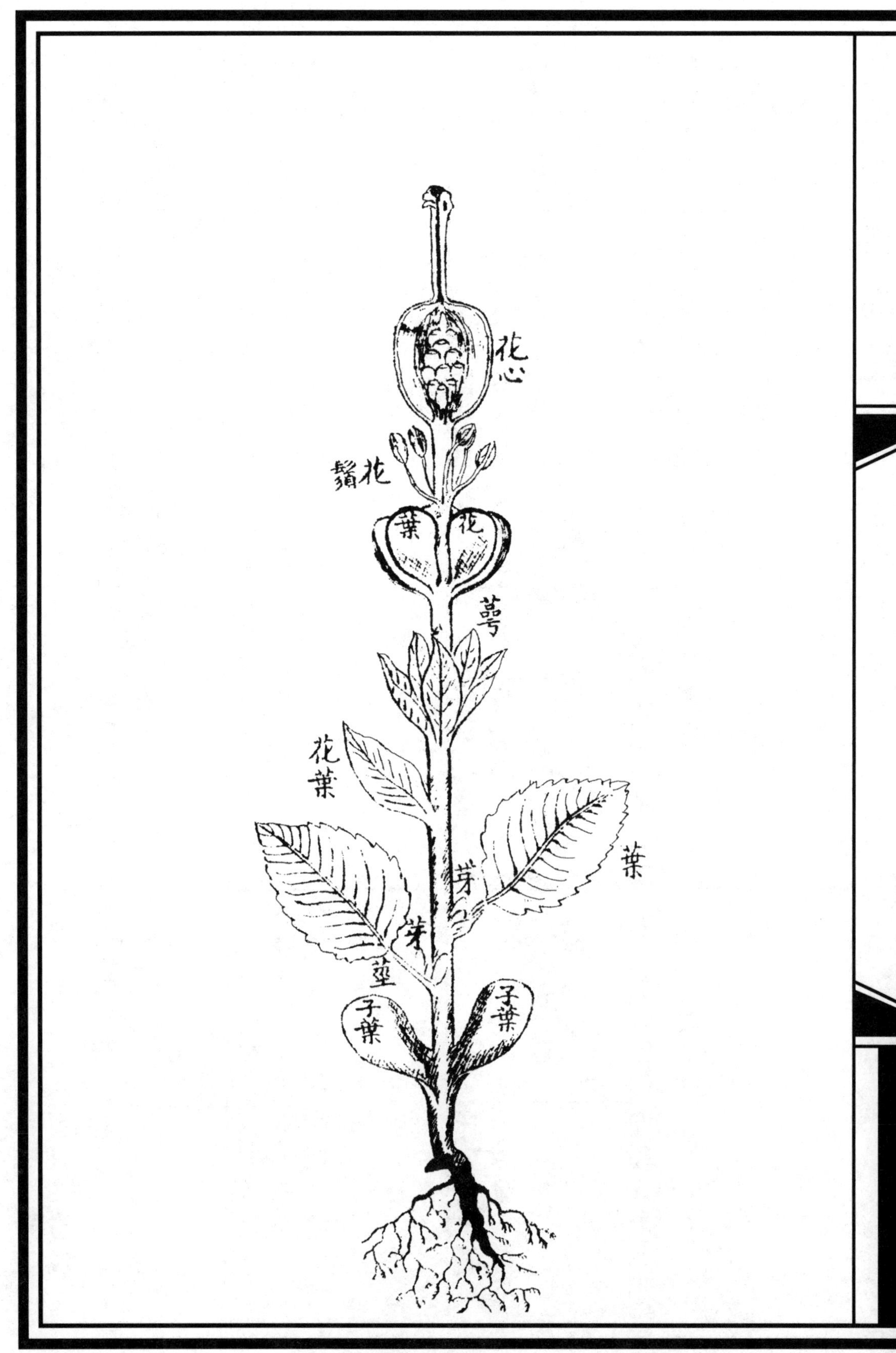

花心
花鬚
花葉
萼
花葉
葉
芽
芽
莖
子葉
子葉

蘂 上

乳棰切、音蕋上聲、花未開曰蘂　花蘂

蘂花初含苞也、花內謂之萼、花外謂之蘂

苞 平

班交切、音包、艸也、又花未開也、　含苞　苞苴

苞、草也、南陽以為粗履、又草木叢生曰苞、花含蘂未開亦曰苞、通作包、又蒲交切、同匏、瓠也、

蔕 上

都計切、音帝、花著枝處曰蔕、或作蒂　花蔕　蔕頭

蔕、草木綴實也、又瓜當也、假借為果蔕花蔕之蔕、又當蓋切、音帶、草木根也、

朶 上

都果切、音埵、數花曰朶、　花朶　朶頤

朶、樹木也、朶朶也、又花朶也、本作朶、亦作朵、

萌 平

眉庚切、音氓、芽初出曰萌、　句萌　萌芽

萌、草木之芽也、又萊始生曰萌、又通芒、禮月令、句者畢出、萌者畢達、

芳 平

敷方切、音妨、艸香也、　芬芳　芳草

芳、草之清氣也、故引申之、凡香氣皆得芳、如芬芳芳之芳是、又人有令德令聞、如流芳芳譽之芳是、

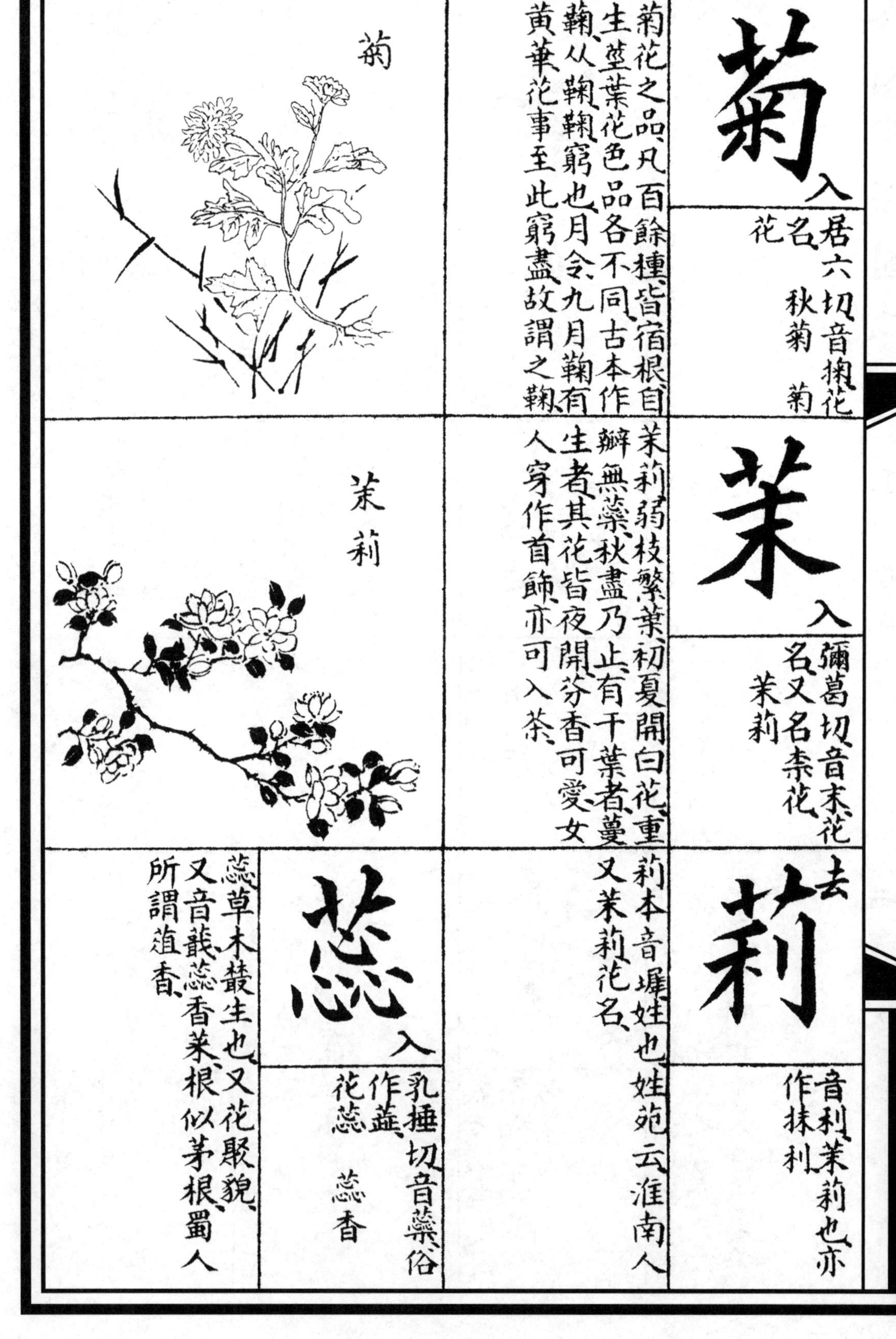

菊 入

居六切，音掬。花名。秋菊、菊花。

菊花之品凡百餘種，皆宿根自生，莖葉花色品各不同。古本作鞠，从鞠。鞠，窮也。月令九月鞠有黃華，花事至此窮盡，故謂之鞠。

茉 入

彌葛切，音末。花名，又名柰花。茉莉。

茉莉弱枝繁葉，初夏開白花，重瓣無蕊，秋盡乃止。有千葉者、蔓生者，其花皆夜開，芬香可愛，女人穿作首飾，亦可入茶。

莉 去

音利。茉莉也。亦作抹利。

莉本音墀，姓也。姓苑云淮南人。又茉莉，花名。

蕊 入

乳捶切，音蘂。俗作蕋。花蕊、蕊香。

蕊，草木叢生也。又花聚貌。又音蕤。蕊香菜，根似茅根，蜀人所謂葅香。

芍　入

職略切，音芍，花名，又葶藶亦名芍。

白芍　芍藥

芍藥，春初生紅芽，作叢，莖上三枝五葉，似牡丹而狹長，夏初開花，有赤白二種，花容綽約，故以為名。

藥　入

弋約切，音躍，芍藥也，又治病曰醫藥，俗作葯，非。葯音約。

丸藥　藥料

藥，治病之草也，神農氏嘗百草始有醫藥，凡草木金石鳥獸魚蟲之可治病者總名曰藥。又芍藥，花名。

芙　平

馮無切，音鳧，花名。

芙蕖

芙蓉，插條即生，其幹叢生如荊，其葉大如桐，其花如牡丹，有紅者、白者、黃者，千葉者最耐寒而不落，不結實。又芙蕖即荷花，亦名芙蓉。

蓉　平

餘封切，音容。

芙蓉

蓉，芙蓉也，此花豔如荷花，故有芙蓉木蓮之稱。

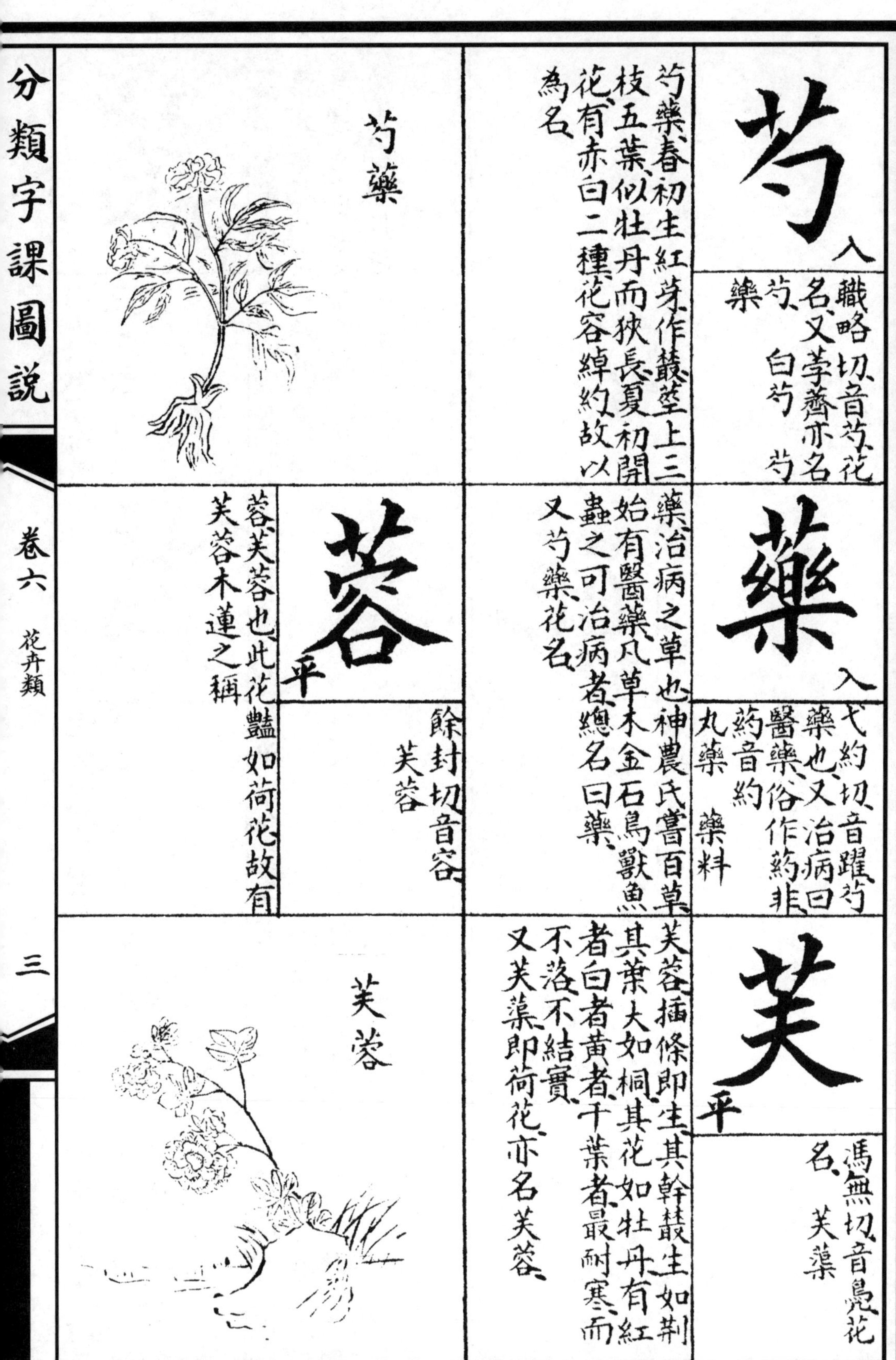

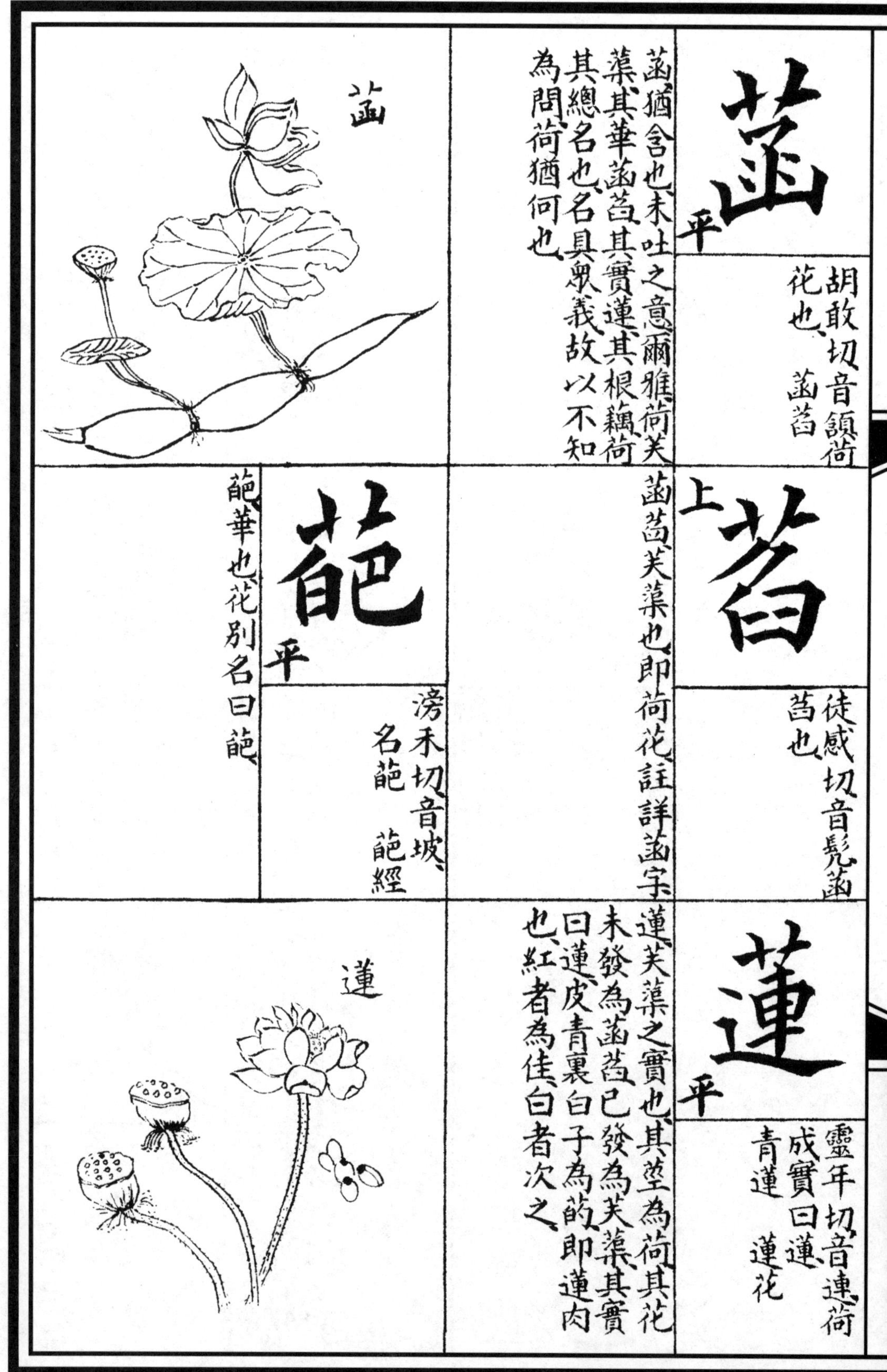

菡 平

胡敢切、音頷、荷花也、 菡萏

菡猶含也、未吐之意、爾雅、荷芙蕖、其華菡萏、其實蓮、其根藕、荷其總名也、名具衆義、故以不知為問、荷猶何也、

萏 上

徒感切、音髧、菡萏也、

菡萏、芙蕖也、即荷花、詳菡字、

蓮 平

靈年切、音連、荷成實曰蓮、 青蓮 蓮花

蓮、芙蕖之實也、其莖為荷、其花未發為菡萏、已發為芙蕖、其實曰蓮、皮青裏白、子為菂、即蓮肉也、紅者為佳、白者次之、

葩 平

滂禾切、音坡、 名葩 葩經

葩、華也、花別名曰葩、

葵 平

渠維切、音夔、菜名、又花名、

秋葵　葵扇

葵、菜也、為百菜之主、古人種為常食、今之種者頗鮮、有紫莖白莖二種、又一種名秋葵、傾葉向日、不令照其根、俗謂之向日葵、其子可食、

草 上

采早切、音懆、草木也、又自保切、音皁、櫟實也、

花草　草木

草、古作艸、百卉也、从二屮、凡艸之屬皆从艸、經典相承作草、按草本訓櫟實、可染白為黑、故曰草、今以此為草木之草、別作皁字、為黑色之皁、

卉 上

許偉切、音諱上聲、花卉也、俗作卉、

花卉

卉、衆也、百草之總名、古作芔、从三屮、草叢生貌、今作卉、三十并也、

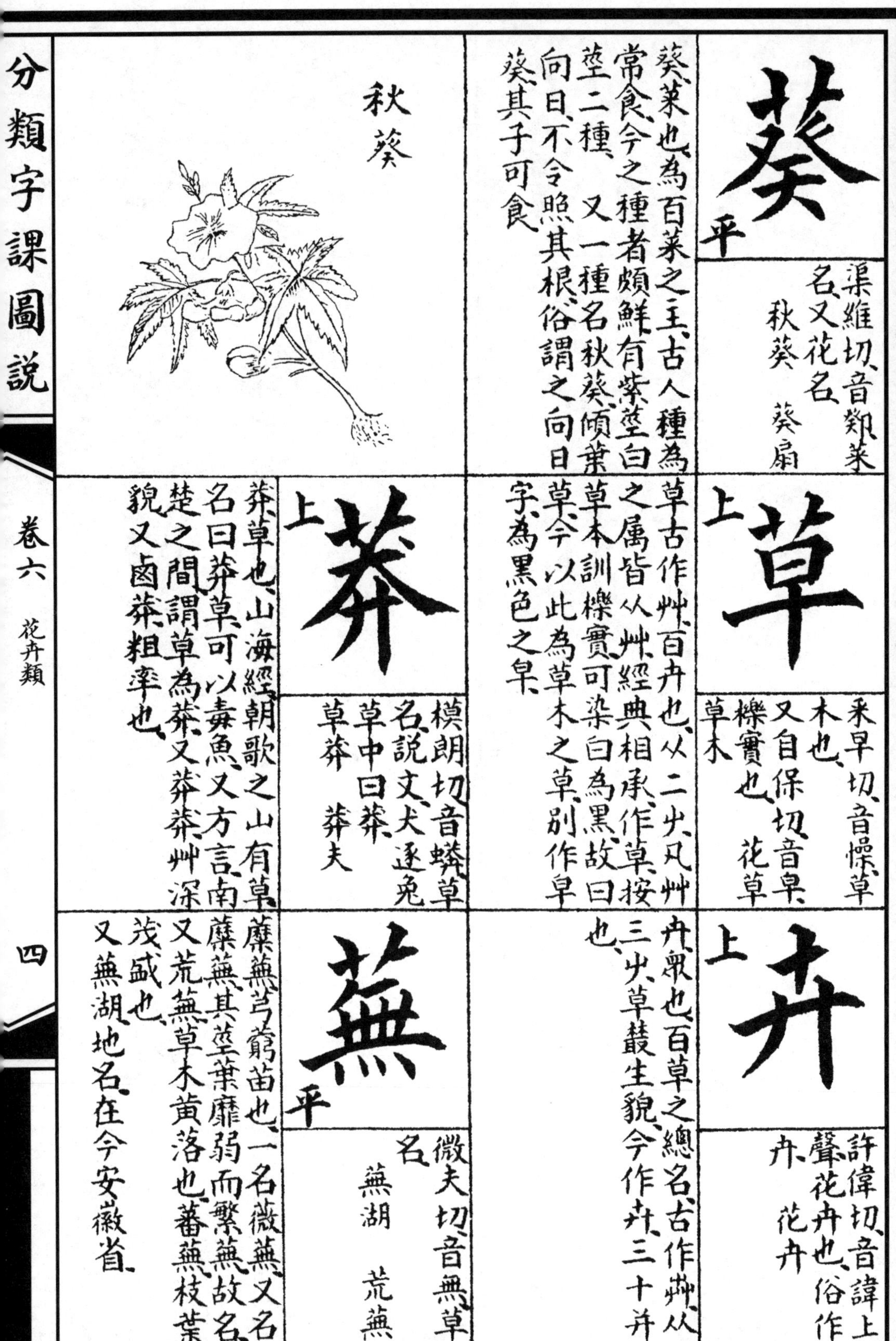

莽 上

模朗切、音蟒、草名、說文、犬逐兔草中曰莽、

草莽　莽夫

莽、草也、山海經、朝歌之山有草、名曰莽草、可以毒魚、又方言、南楚之間謂草為莽、又莽莽、艸深貌、又鹵莽、粗率也、

蕪 平

微夫切、音無、草名、

蕪湖　荒蕪

蘼蕪、芎藭苗也、一名薇蕪、又名蘪蕪、其莖葉靡弱而繁蕪、故名、又荒蕪、草木黃落也、蕃蕪、枝葉茂盛也、又蕪湖、地名、在今安徽省、

落 入

歷各切音洛下垂曰落 花落 落葉

落草木零落也又花放曰開花謝曰落 又太歲在巳曰大荒落

蔓 去

無販切音萬艸木蔓延也 滋蔓 蔓草

蔓延也凡草之綿延滋生者皆謂之蔓 又蔓葛類也詩云野有蔓艸是

荄 平

柯開切音該草根曰荄 蘭荄

荄草根也方言東齊曰杜或曰荄

薪 平

斯人切音新柴之別名 束薪 薪水

薪蕘也又柴也大木曰薪又草亦曰薪又采薪亦曰薪

菲 上

敷尾切音斐草名似菜可食又薄也 芳菲 菲薄

菲芴也生下濕地似蕪菁華紫赤色可食詩云采葑采菲是也 又芳微切音霏草茂貌又菲菲香也

蘚 去

息淺切音癬苔蘚也 苔蘚

蘚垣衣也生古垣墻下乃陰濕之地被日晒起苔蘚也其在屋瓦上者曰屋遊其在石上者曰石蕊

芩 平

渠今切、音琹、草名、又葯名、

黄芩　芩草

芩草根如釵股、葉如竹、蔓生澤中下地、鹹處、牛馬喜食之、黄芩、藥名、圓者曰子芩、破者曰宿芩、

鬱 入

紆物切、音罻、木名、又草名、又抑塞也、

憂鬱　鬱金

鬱、木叢生也、　又木名、棣屬、其樹高五六尺、其實大如李、色正赤、食之甘、名曰郁李、　又鬱金、草名、性輕揚、能致達酒氣、古人用治鬱遏不能升者、故名、

蘭 平

郎干切、音闌、香草也、

幽蘭　蘭畹

蘭有數種、蘭草、澤蘭生水旁、山蘭即蘭草之生山中者、蘭花亦生山中、與三蘭迥別、生近處者、葉如麥門冬、而春花、生福建者、葉如菅茅、而秋花、

芷 上

諸市切、音止、白芷、藥名、

白芷　芷芳

白芷、一名芳香、一名澤芬、生河東川谷中、主長肌膚、潤澤顏色、可作面脂、古人謂之香白芷、

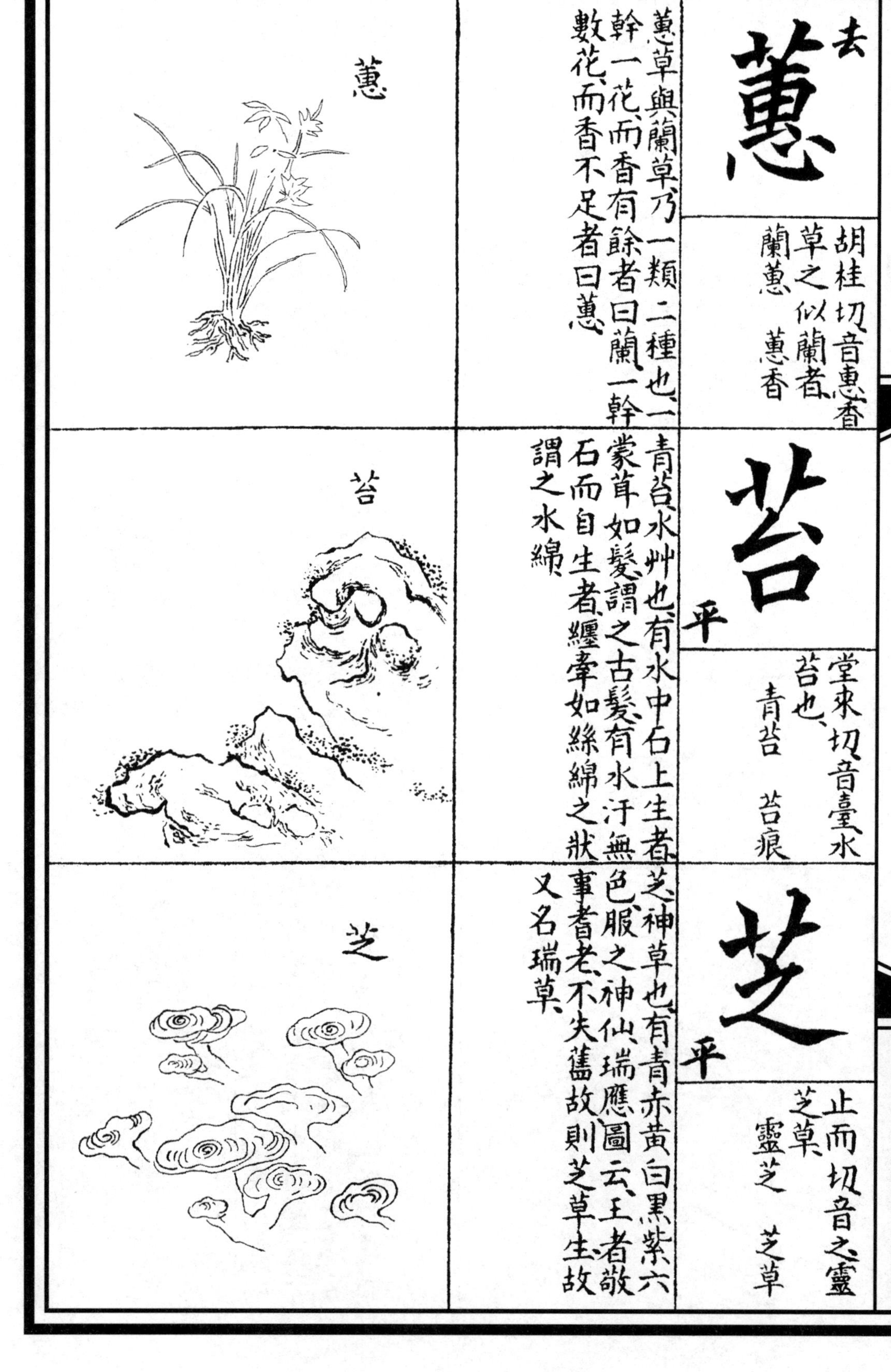

去 **蕙**

胡桂切，音惠，香草之似蘭者。

蘭蕙　蕙香

蕙草與蘭草乃一類二種也、一幹一花、而香有餘者曰蘭、一幹數花、而香不足者曰蕙、

蕙

平 **苔**

堂來切，音臺，水苔也、

青苔　苔痕

青苔、水艸也、有水中石上生者、蒙茸如髮、謂之古髮、有水汙無石而自生者、纏牽如絲綿之狀、謂之水綿、

苔

平 **芝**

止而切，音之，靈芝草、

靈芝　芝草

芝、神草也、有青赤黃白黑紫六色、服之神仙、瑞應圖云、王者敬事耆老、不失舊故、則芝草生、故又名瑞草、

芝

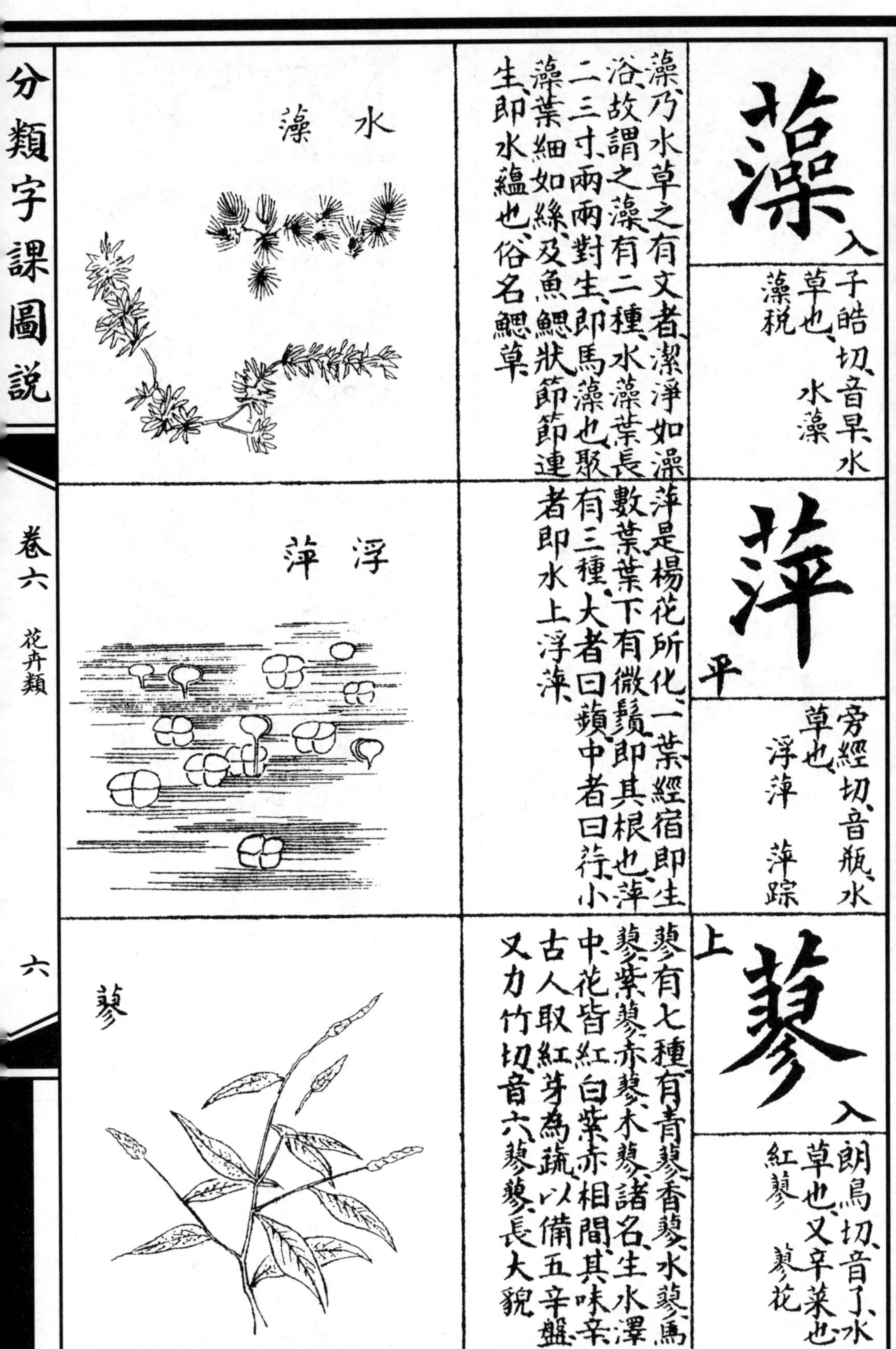

藻 入

子皓切、音早、水草也、

水藻 藻稅

藻乃水草之有文者、潔淨如澡浴、故謂之藻。有二種、水藻葉長二三寸、兩兩對生、即馬藻也。聚藻葉細如絲、及魚鰓狀、節節連生、即水蘊也、俗名鰓草。

萍 平

旁經切、音瓶、水草也、

浮萍 萍踪

萍是楊花所化、一葉經宿即生數葉、葉下有微鬚、即其根也。萍有三種、大者曰蘋、中者曰荇、小者即水上浮萍。

蓼 上 入

朗鳥切、音了、水草也、又辛菜也、

紅蓼 蓼花

蓼有七種、有青蓼、香蓼、水蓼、馬蓼、紫蓼、赤蓼、木蓼、諸名、生水澤中、花皆紅白、紫赤相間、其味辛、古人取紅芽為蔬、以備五辛盤。又力竹切、音六、蓼蓼、長大貌。

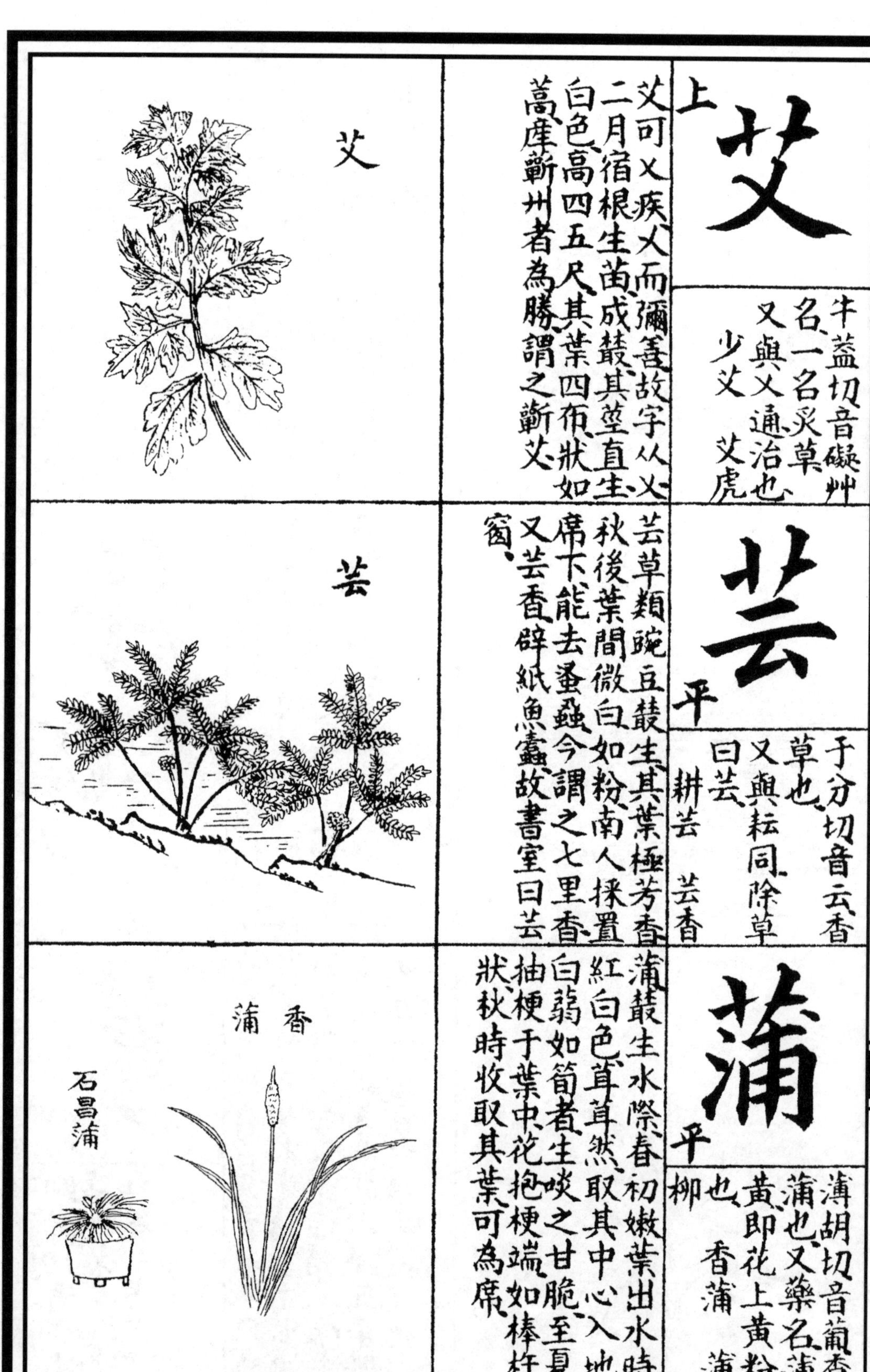

艾 上

牛蓋切音礙艸名、一名灸草、又與乂通治也、

少艾　艾虎

艾可乂疾久而彌善故字从乂、二月宿根生苗成叢其莖直生白色、高四五尺其葉四布狀如蒿產蘄州者為勝謂之蘄艾、

芸 平

于分切音云香草也、又與耘同除草曰芸、

耕芸　芸香

芸草類豌豆叢生其葉極芳香秋後葉間微白如粉南人採置席下能去蚤虱今謂之七里香、又芸香辟紙魚蠹故書室曰芸窗、

蒲 平

薄胡切音匍香蒲也、又藥名蒲黃即花上黃粉也、

香蒲　蒲柳

蒲叢生水際春初嫩葉出水時紅白色茸茸然取其中心入地白蒻如筍者生啖之甘脆至夏抽梗于葉中花抱梗端如棒杵狀秋時收取其葉可為席、

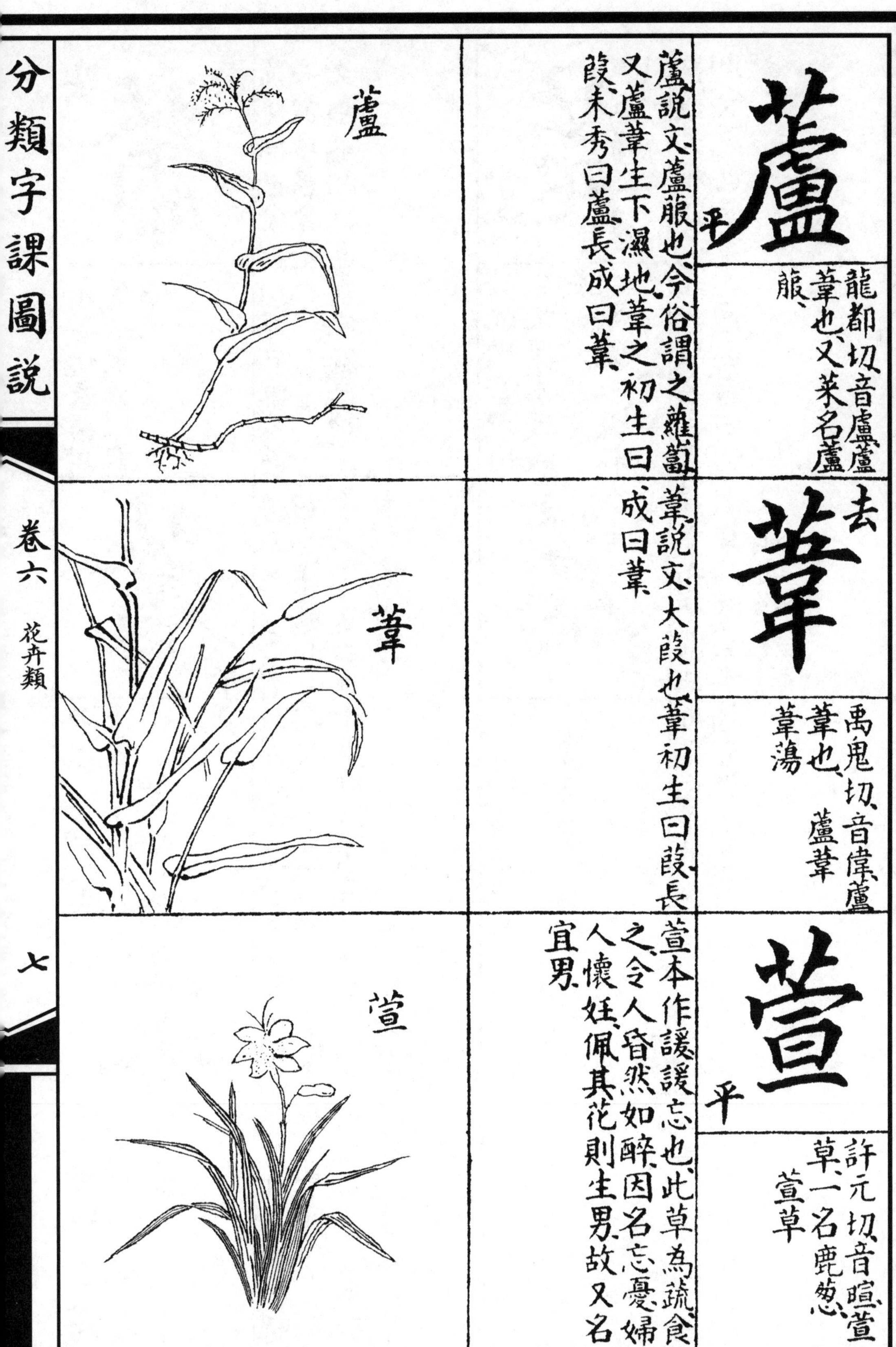

蘆 平

龍都切、音盧、蘆葦也、又萊名蘆菔、

蘆說文、蘆菔也、今俗謂之蘿蔔、又蘆葦生下濕地、葦之初生曰葭、未秀曰蘆、長成曰葦、

葦 去

禹鬼切、音偉、蘆葦也、蘆葦 葦蕩

葦說文、大葭也、葦初生曰葭、長成曰葦、

萱 平

許元切、音暄、萱草、一名鹿葱、萱草

萱本作諼、諼忘也、此草為蔬食之、令人昏然如醉、因名忘憂、婦人懷妊、佩其花則生男、故又名宜男、

蕭（去）

先彫切，音蕭。蒿屬。

采蕭　蕭條

蕭、艾蒿也、今人所謂荻蒿、即詩云彼采蕭兮是也、又蕭墻門屛也、蕭條寂寥貌、

菀（上）

於阮切，音婉。葯名、又草木茂盛貌。

紫菀　菀杜

紫菀其根細而柔宛故名、白菀即女菀也、紫菀之色白者曰白菀、

蓍（平）

申之切，音尸。筮草也、

卜蓍　蓍龜

蓍、草之多壽者故字从耆、其生如蒿、作叢、高五六尺、一本二三十莖、至多者五十莖、其莖可為筮、故名神草

萹（平）

布玄切，音邊。草名

萹蓄　萹竹

萹蓄布地而生、節間白花甚細微、葉細綠、莖柔弱、亦謂之萹竹、又謂之道生草、

朮（入）

食律切，音術。葯名、

於朮

朮有蒼白二種、蒼朮形如指、肥實、皮色褐、其氣味辛烈、白朮粗促、色微褐、其氣亦微辛苦而不烈、二朮皆葉似薊、而味似薑芥、故又名天薊、亦名山薑、

白朮

上 **杜**

動五切、音斁、香草名、又藥名、又姓也、

扶杜　杜若

杜若、一名杜衡、葉似薑而有文理、味極辛香。一曰杜衡、與杜若異、杜衡葉似葵、形似馬蹄、故又名馬蹄香。　又杜仲、藥名。又杜甘棠也、牡曰棠、牝曰杜、

平 **苓**

郎丁切、音靈、草名、又藥名、

茯苓　苓芸

苓卷耳也、形似鼠耳、叢生如盤、可煮為茹、滑而少味、四月中生子、如婦人耳璫、　又茯苓、藥名、千年之松下有茯苓、又猪苓、生楓根下、

上 **菟**

湯故切、音兔、草名、又音徒、楚人謂虎為於菟、

於菟　菟絲

菟絲子、苗莖似黃絲、無根株、多附草木、被纏至死、又抱朴子曰、菟絲之草、下有伏菟之根、無此菟、則絲不得生於上、

平 **芻**

楚徂切、音初、草名、俗作蒭、非、

束芻　芻蕘

芻刈草也、象包束草之形、又飼牛馬之草曰芻、　又蕘也、如禮云士執芻是、又茿草、刈取以用曰芻、如詩云生芻一束是、

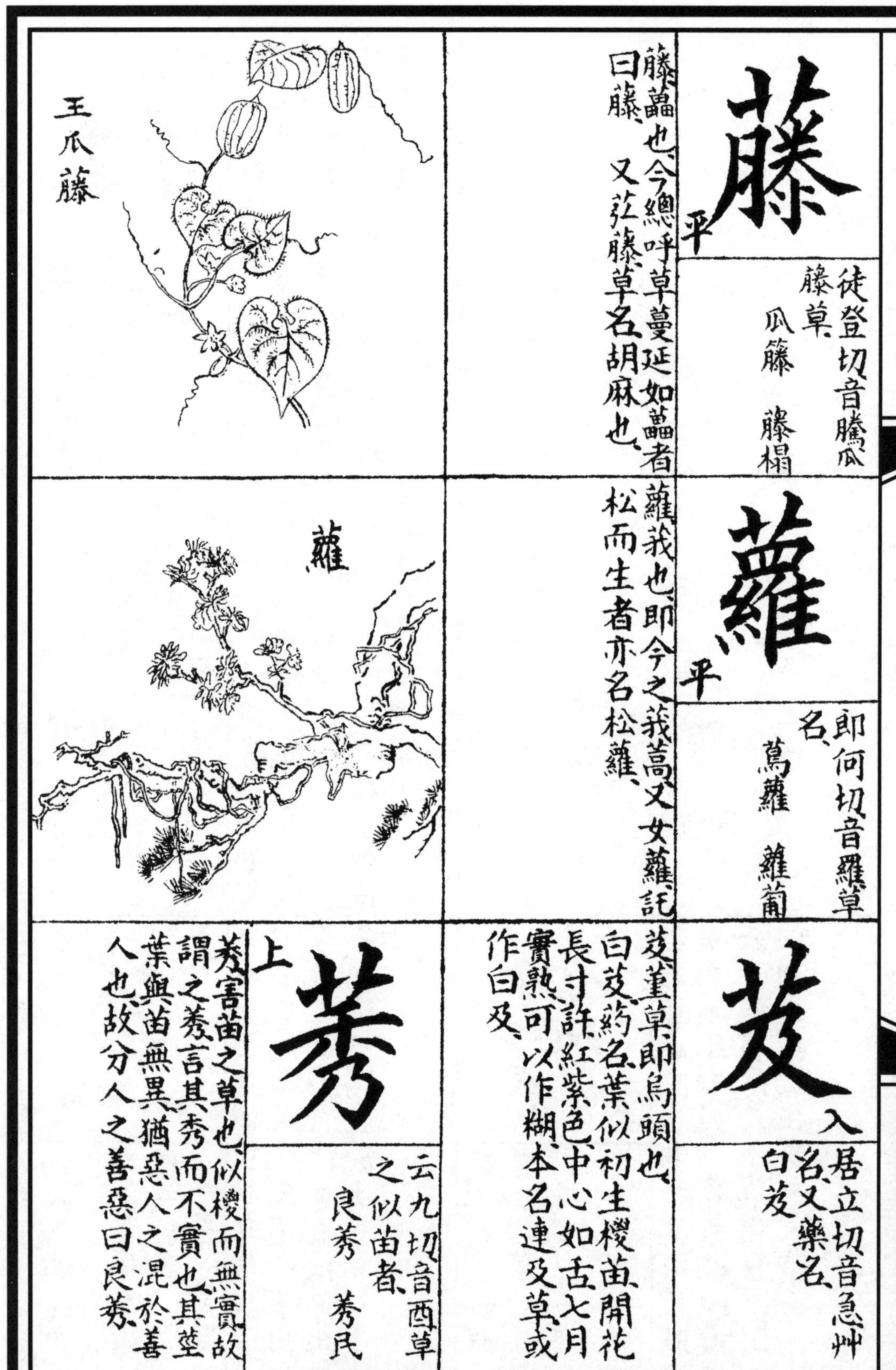

藤 平

徒登切音騰瓜藤草、

瓜籐　藤榻

藤藟也、今總呼草蔓延如藟者曰藤、又荭藤草名胡麻也、

蘿 平

郎何切音羅草名、

蔦蘿　蘿蔔

蘿莪也、即今之莪蒿、又女蘿託松而生者亦名松蘿、

芨 入

居立切音急艸名、又藥名、

白芨

芨堇草即烏頭也、白芨葯名、葉似初生椶苗長寸許紅紫色、中心如舌、七月實熟可以作糊、本名連及草、或作白及、

莠 上

云九切音酉草之似苗者、

良莠　莠民

莠害苗之草也、似稷而無實故謂之莠、言其秀而不實也、其莖葉與苗無異、猶惡人之混於善人也、故分人之善惡曰良莠、

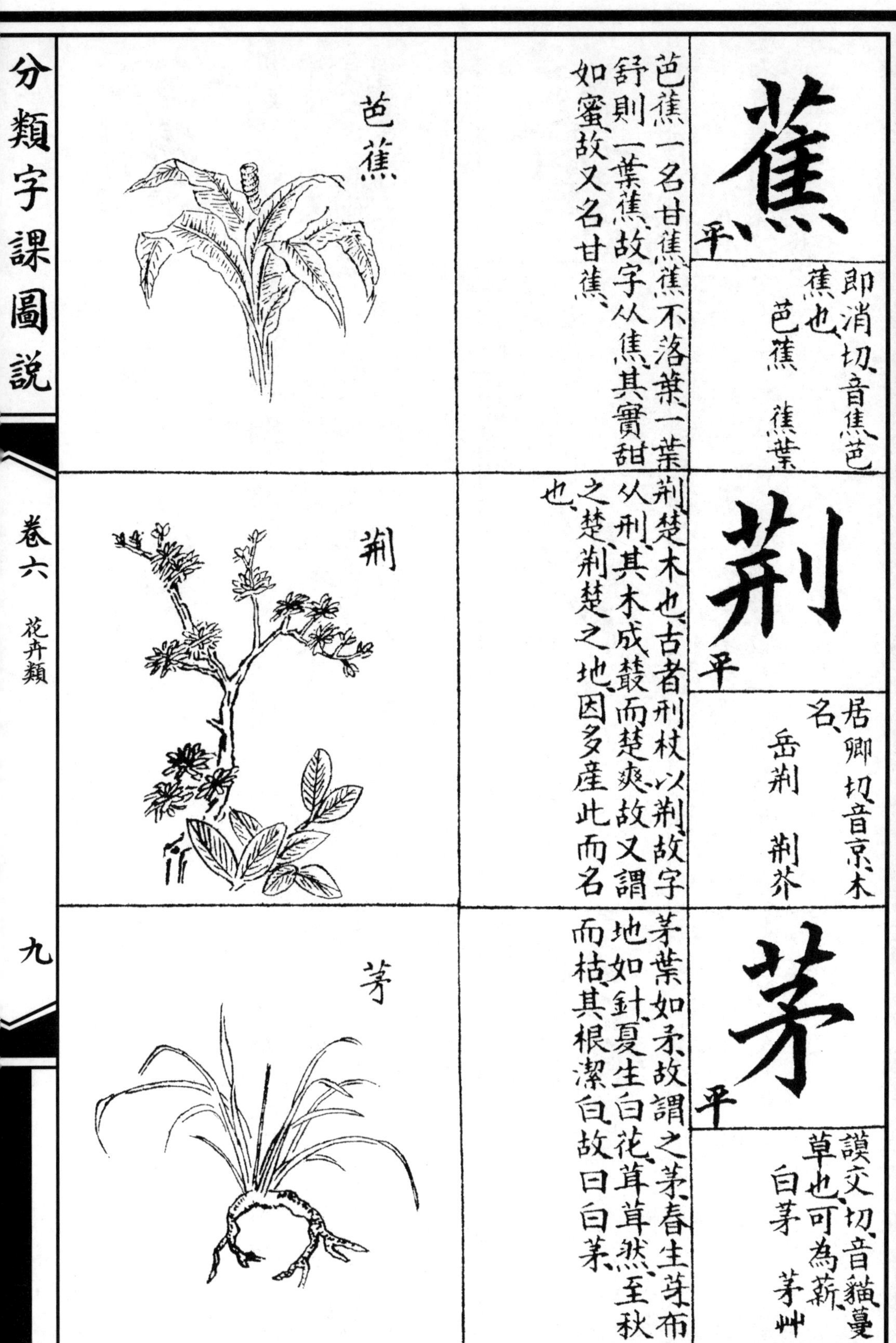

蕉 平

即消切、音焦、芭蕉也、

芭蕉　蕉葉

芭蕉一名甘蕉、蕉不落葉、一葉舒則一葉蕉、故字从焦、其實甜如蜜、故又名甘蕉、

荊 平

居卿切、音京、木名、

岳荊　荊芥

荊楚木也、古者刑杖以荊、故字从刑、其木成叢而楚爽、故又謂之楚、荊楚之地因多產此而名也、

茅 平

謨交切、音貓、蔓草也、可為薪、

白茅　茅艸

茅葉如矛、故謂之茅、春生芽布地如針、夏生白花、茸茸然、至秋而枯、其根潔白、故曰白茅、

薊 上

吉詣切、音計、草名、又地名、

大薊　薊州

薊芙也、薊生山中者名朮、其在平地、而肥大於衆者、名楊枹薊、今呼為馬薊、葉多青刺、其花如髻。本草分大薊小薊。

蘄 平

渠宜切音其草名、

蘄艾

蘄草也、似蛇牀、爾雅云、蘄茝蘼蕪是也、　又蘄艾、蘄州所產之艾也、天下重之、用充方物。又渠斤切音芹、與芹同。

蕎 平

舉喬切、音嬌、藥名、即大戟、巨嬌切、音喬、蕎麥也、

蕎麥

蕎卭鉅也、即大戟、其根辛苦、戟人咽喉、故名、蕎麥、莖弱而翹然、易長易收、磨麪如麥。

薰 平

許云切音勳香草也、

薰蕕

薰草、即蕙草也、又名零陵香、生下濕地、葉如麻、兩兩相對、莖方、七月中旬開花、至香、古人祓除以此草薰之、故名。

蕕 平

以周切、音猶、草之臭者、

蕕水邊草也、即爾雅、莤蔓于是也、　又臭草名、其氣[illegible]臭、故謂之蕕、蕕者、[illegible]也、朽木臭也、

薜 去 入

蒲計切音備薜荔也、博厄切、音檗、山蘄也又山麻也

薜荔　薜蘿

薜荔香艸也、一名牡贊、薜山蘄也、即當歸、形似芹而粗大、故名、又山麻也、麻生山中者名薜。

茴 平

户恢切，音回，香草也。小茴 茴香

茴香，本名懷香。世俗以其氣辛香，多懷之衿袵，故名。宿根生苗，肥莖絲葉。五六月開花，結子如麥粒，俗呼大茴香。又有實大如柏，八瓣，一瓣一核，俗呼舶茴香。

瓞 入

徒結切，音絰。小瓜曰瓞。瓜瓞

瓞，瓝也。瓜之族類有二種，大曰瓜，小曰瓞。瓞是瓝之別名也。瓝音雹，小瓜也。

瓠 平

洪孤切，音胡。瓜類也，亦作葫。匏瓠

瓠，瓜類，分甘苦二種。甘者大，苦者小。一說長而瘦上曰瓠，短頸大腹曰匏。瓠性甘，匏性苦也。

茶 平

直加切，音垞，平聲。木名，其葉可為飲。山茶 茶花 又山茶花名，其葉似茗，故名。

茶，本作荼。詩云：誰謂荼苦，其甘如薺，是也。今文作茶。中國所產之茶，惟江浙為最，色味俱佳。近時印度、日本亦多種植，特較中國為遜耳。

茗 去 上

莫迥切，音酩。茶芽曰茗。苦茗 茗椀

茗，茶芽也。或曰早采為茶，晚采為茗。一名荈，蜀人謂之苦茶。陸羽茶經云：其名有五，一茶、二檟、三蔎、四茗、五荈。

菰 平

攻乎切、音姑、蘑菰、香蕈也、

冬菰　菰筍

菰蔣也、其米謂之胡菰、又茭白一名菰筍、蘑菰、出山東淮北諸處、埋桑楮諸木於土中、澆以米泔、待菰生采之、白色柔軟、狀如玉簪花、

菰

菖 平

尺良切、音昌、香草也、

菖蒲

菖蒲、蒲類之昌盛者、故名、春生青葉、長一二尺、其葉中心有脊、狀如劍、無花實、又一種、葉長寸許、根長二三寸者、謂之錢蒲、

菖

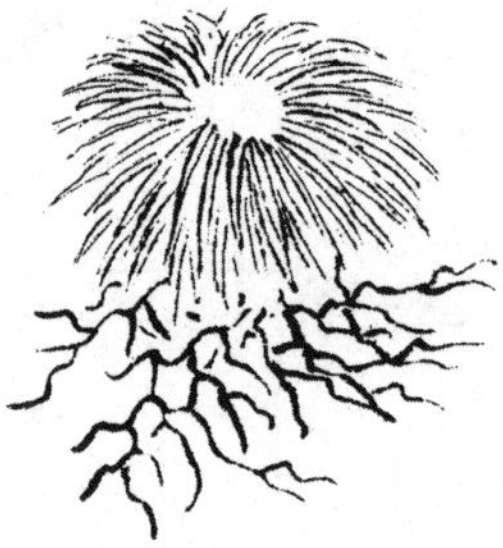

荻 入

亭歷切、音狄、州名、葦屬、

蘆荻　荻花

荻、說文、萑也、似葦而短小、中空、皮厚、色青蒼者、江東呼為烏蓲、或謂之適、即荻也、至秋堅成、即謂之萑、又爾雅、蕭荻、即蒿也

荼 上

同都切、音塗、菜名、

苦荼　荼毒

荼、苦菜也、葉似苦苣而細、斷之白汁、花黃似菊、又茅秀也、物之輕者、飛行無常、又荼毒、苦也、

菜（去）

倉代切，音縩。園蔬曰菜。

青菜　菜根

菜，蔬也。凡草之可食者皆曰菜。五菜：葵甘、韭酸、藿鹹、薤苦、葱辛是也。又菜色，飢餓之色也。

芥（去）

居拜切，音戒。菜名。

土芥　芥末

芥似松而有毛，味辛辣，可生食，亦可作葅。其子微細，故假借為纖芥之芥。

蔥（平）

麤藂切，音聰。菜也。今文作葱。

天葱　葱白

葱从囱，外直中空，有囪通之象，故名。初生曰葱針，葉曰葱青，衣曰葱袍，莖曰葱白。諸物皆宜，故又稱和事草。

蔬（平）

山於切，音疏。草菜曰蔬。

園蔬　蔬菓

蔬，菜也。凡草菜之可食者皆謂之蔬。又稻曰嘉蔬。

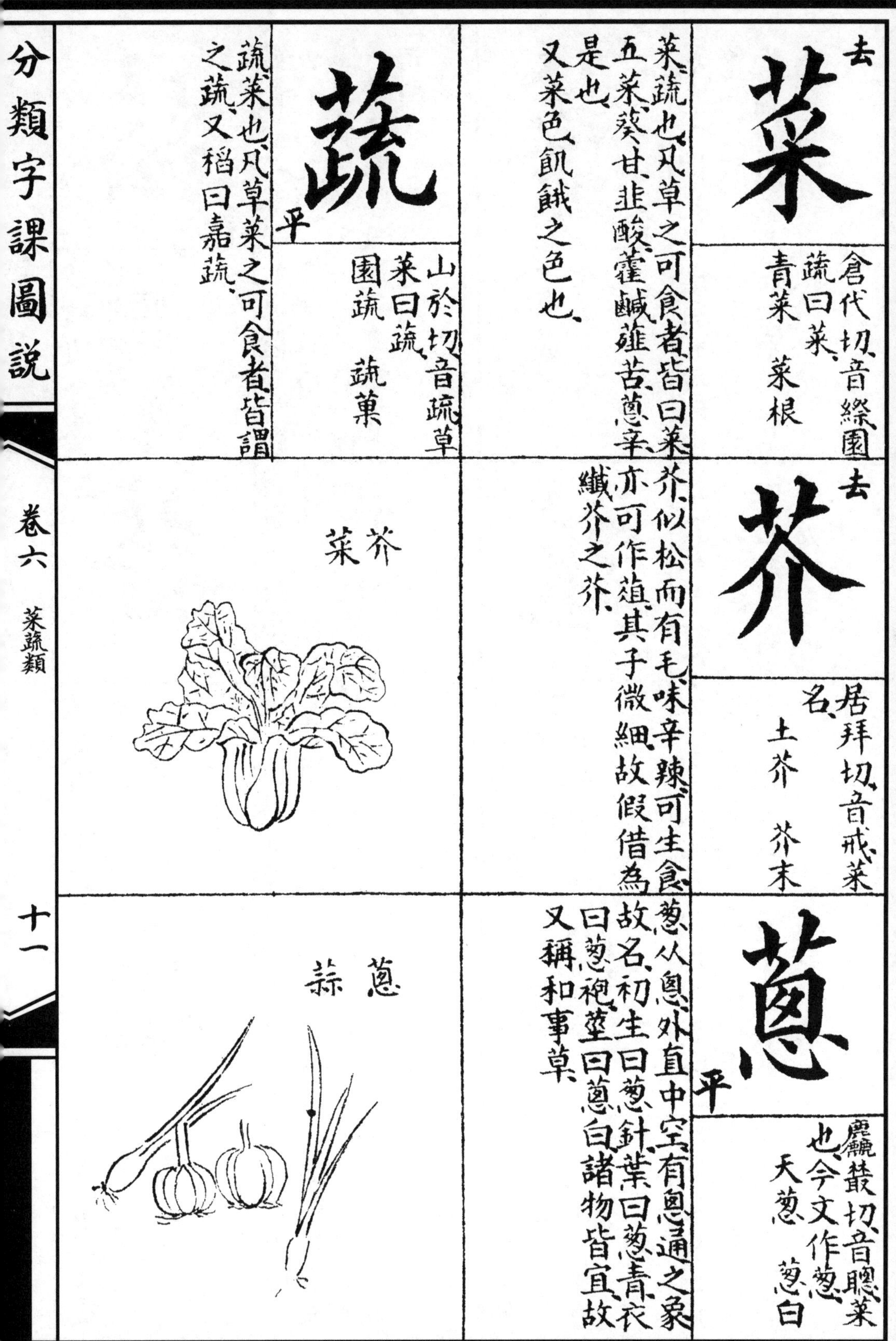

芥菜

蔥蒜

菘 平

思融切、音嵩、菜名、即白菜、

晚菘　菘韭

菘俗謂之白菜、此菜隆冬不彫、四時常見、有松之操、故名曰菘、其色青白、故又名白菜、有二種、一種莖圓厚微青、一種莖扁薄而白、

蒜 去

蘇貫切、音筭、葷菜也、

大蒜　蒜頭

蒜有二種、根莖俱小而瓣少、味辣甚者、蒜也、即小蒜、根莖俱大而瓣多、味辛而帶甘者、葫也、即大蒜、

韭 上

舉有切、音久、葷菜也、

早韭　韭菜

韭、說文从非从一、象葉出地上形、一種而久生、故謂之韭、叢生豐本、長葉青翠、可以根分、可以子種、

薑 平

居良切、音姜、生薑、辛菜也、

生薑　薑衣

薑本作疆、能疆禦百邪、故名曰薑、四月取老薑種之、五月生苗、葉濶似竹葉而長、兩兩相對、苗青根黃、無花實、秋時采根、

薤 去

下戒切、音械、似韭之菜也、

韭薤　薤露

薤、韭類也、故字从韭、今人因其根白、呼為藠子、葉似韭而濶、多白而無實、有赤白二種、白者味美、赤者苦而無味、又薤露行、古樂府、

椒 平

玆消切、音焦、辛香之木也、

花椒　椒椰

胡椒、因其味辛辣似椒、故得椒名、花椒、本名秦椒、味亦辛香、蜀人作茶、吳人作茗、皆以其葉合煮為香、

薺 平

在禮切、音鱭、菜名、

薺菜

薺有大小數種、小者葉花莖扁味美、大者科葉皆大、而味不及、並于冬至後生苗、二三月起莖五六寸、開白花、

茹 平

人諸切、音如、食菜曰茹、又草名、又音汝、音儒、義同、

茹藘　茹菜

茹菜之總名也、凡食菜者皆謂之茹、凡粗食者亦謂之茹、又茹藘、艸名、即蒨草也、

菠 平

逋禾切、音皤、菜名、俗呼菠菜、

菠薐

菠薐其莖柔脆中空、其葉綠膩柔厚、其根長數寸、而色赤、本是頗陵國之種、故名菠薐

菾 平

徒兼切、音甜、菜名

菾與甜通、菾菜味甜、故名、正二月下種、宿根亦自生、苗高三四寸、葉似菘而短、夏盛冬枯、其莖燒灰淋汁洗衣、白如玉色、

蒓 平

常倫切、音純、蒓、菜也、亦作蓴、

瑰蒓　蒓鱸

蒓、水葵也、生水中、葉似鳧葵、采莖可啖、三月至八月、莖細如釵股、名曰絲蒓、九月至十月漸粗、在土中名曰瑰蒓、

蓬 平

薄紅切、音髼、蓬蒿菜名、俗呼蒿菜、

飛蓬　蓬蒿

蓬蒿八九月下種、莖肥、葉似嫩艾、四月開黃花、其葉蓬蓬、故曰蓬蒿、又草名、蓬草亂生故名、

蒿 平

呼高切、音好平聲、青蒿草名、蓬蒿菜名、

青蒿　蒿菜

蒿、香蒿也、即今青蒿、春時生苗、葉極細、可食、至夏高四五尺、秋後開淡黃花、結子如粟米、

薹 平

堂來切、音臺、蕓薹菜名、俗呼油菜、

蕓薹　薹菜

蕓薹、似菘而小異、九十月下種、至三月則老不可食、開黃花、此菜易起薹、須採其薹食、則分枝必多、故名蕓薹、其子可榨油、故又名油菜、

茄 平

居牙切、音加、五茄、藥名、求迦切、音伽、茄子、菜名、

五茄　茄子

五茄、藥名、以五葉交加者佳、故名、　茄子有數種、並于二月下種、夏秋開小花、黃蕊綠蒂、蒂包其茄、有大如栝樓者、長四五寸者、又有青茄、紫茄、白茄、

藜 平

郎奚切、音犂、艸之可食者、

蒺藜　藜藿

藜、蒿類、莖葉似王芻、兖州人蒸以為茹、其莖老可為杖、又蒺藜、藥名、

藿 入

虛郭切、音霍、香草也、

藜藿　藿香

藿、豆葉也、又草名、藿香、葉似豆葉、故名、

芹 平

渠斤切、音勤、芹菜也、

芹菜　擷芹

芹、水草也、生水中、其葉對節而生、其花白色、無實、其氣芬芳、味不如蒓之美、又有一種野生、根如薺、葉如細柳、謂之旱芹、

筍 上

思引切，音簨。竹初萌生曰筍。俗作笋，非。

竹筍 筍蕨

筍，竹萌也。旬內為筍，旬外為竹，故字从旬。竹有雌雄，但看竹根上第一枝双生者，必雌也，乃有筍。於竹根行鞭時，掘取嫩者，曰鞭筍；冬月掘取者，冬筍。

蕈 平

慈荏切，音尋，上聲。菌生木上曰蕈，或作菌。菌，香蕈，地蕈也。

香蕈

蕈从覃，覃，延也。蕈味雋永，有覃延之意，故名。生桐、柳、枳椇木上，紫色者名香蕈，白色者名肉蕈，皆因濕氣薰蒸而成。生山僻處者，有毒害人。

菔 入

蒲北切，音匐。萊菔，俗呼蘿蔔。

萊菔 蘆菔

蘆菔，一名來菔，言來麰之所服也，故名。六月下種，秋采苗，冬掘根，春末抽薹開花，夏初結子。

莧 去

侯襇切，音賢。菜名。

白莧 莧菜

莧凡六種，並於三月撒種，六月以後不可食，老則抽莖，如人長，開細花，成穗結子。其莖葉皆高大而易見，故字从見。

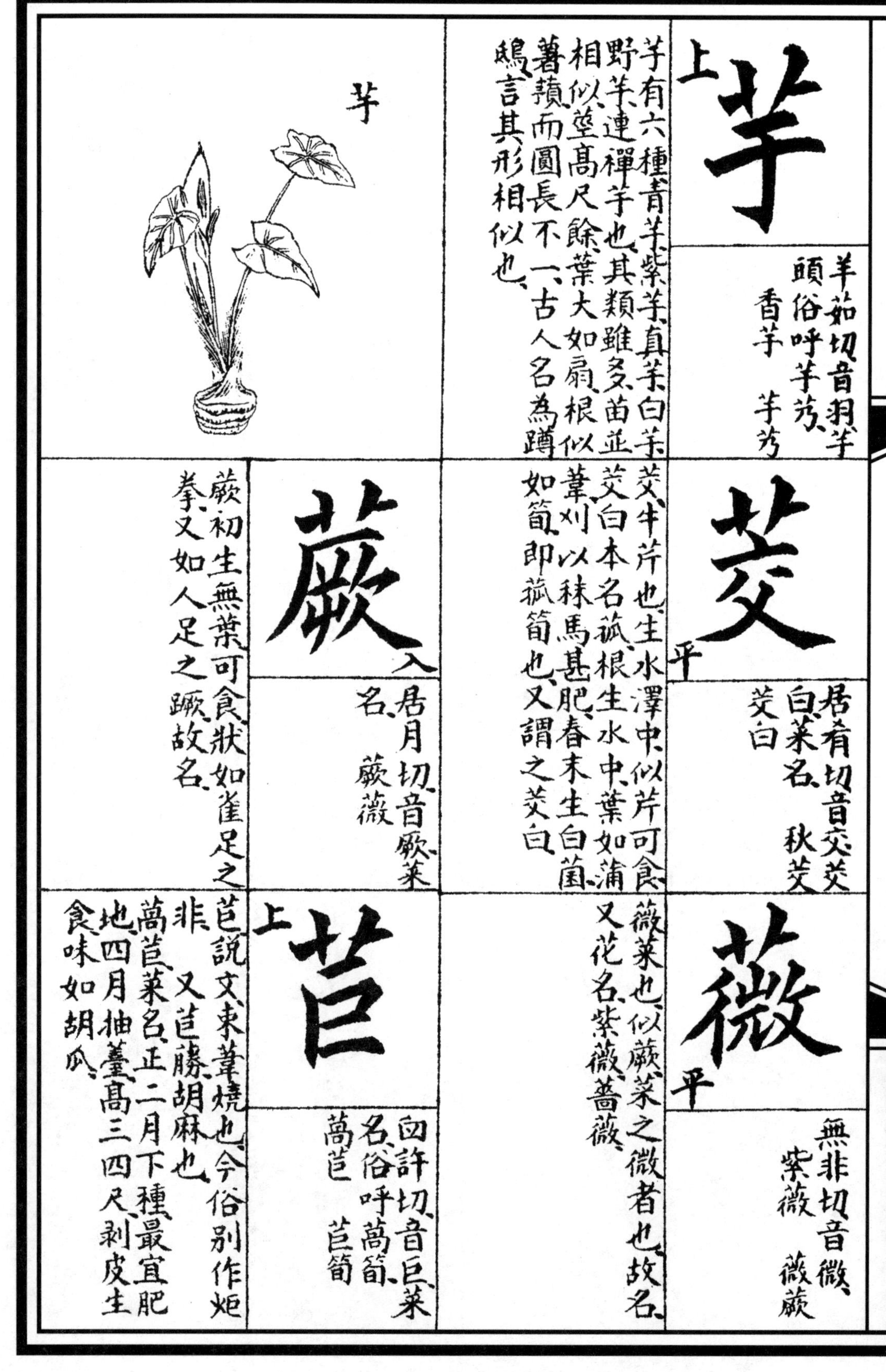

上 **芋**

羊茹切，音羽。芋頭，俗呼芋艿。

香芋　芋艿

芋有六種，青芋、紫芋、真芋、白芋、野芋、連禪芋也。其類雖多，苗並相似，莖高尺餘，葉大如扇，根似薯蕷而圓，長不一。古人名為蹲鴟，言其形相似也。

平 **茭**

居肴切，音交。茭白，菜名。

秋茭　茭白

茭，牛芹也。生水澤中，似芹可食。茭白本名菰，根生水中，葉如蒲葦，刈以秣馬甚肥。春末生白菌，如筍，即菰筍也，又謂之茭白。

平 **薇**

無非切，音微。

紫薇　薇蕨

薇，菜也。似蕨菜之微者也，故名。又花名，紫薇、薔薇。

入 **蕨**

居月切，音厥。菜名。

蕨薇

蕨初生無葉，可食，狀如雀足之拳，又如人足之蹶，故名。

上 **苣**

臼許切，音巨。菜名，俗呼萵筍。

萵苣　苣筍

苣，說文：束葦燒也。今俗別作炬，非。又苣藤，胡麻也。萵苣，菜名，正二月下種，最宜肥地，四月抽薹，高三四尺，剥皮生食，味如胡瓜。

果 上

古火切，音裹。有核曰果，俗作菓，非。

百果　果品

果，木實也。从田从木，象果形在木之上。在木曰果，在草曰蓏。又果然，獸名。果蠃，虫名。

核 入

下革切，音覈。果核也。又核桃，果名。

果核　核桃

核，果中實也。有核曰果，無核曰蓏。又通覈。又籩實曰核，豆實曰殽。周禮：其植物宜覈物。註：覈，桃李之類。又胡骨切，音魂，入聲，果核也。

梅 平

謀杯切，音枚。果名。又花名。

臘梅　梅花

梅，杏類也。樹葉有略似杏，葉有長尖，先衆木而花，結實於夏，得木之全氣，故其味最酸。又臘梅，花名。楊梅，果名。

杏 上

下梗切，音荇。果名。其核曰杏仁。

紅杏　杏酪

杏有數種，葉皆圓而有尖，二月開紅花。其實香於梅而酸不及。核與肉自相離。亦有花開千葉者，不結實。又銀杏，其實如銀，俗名白果。

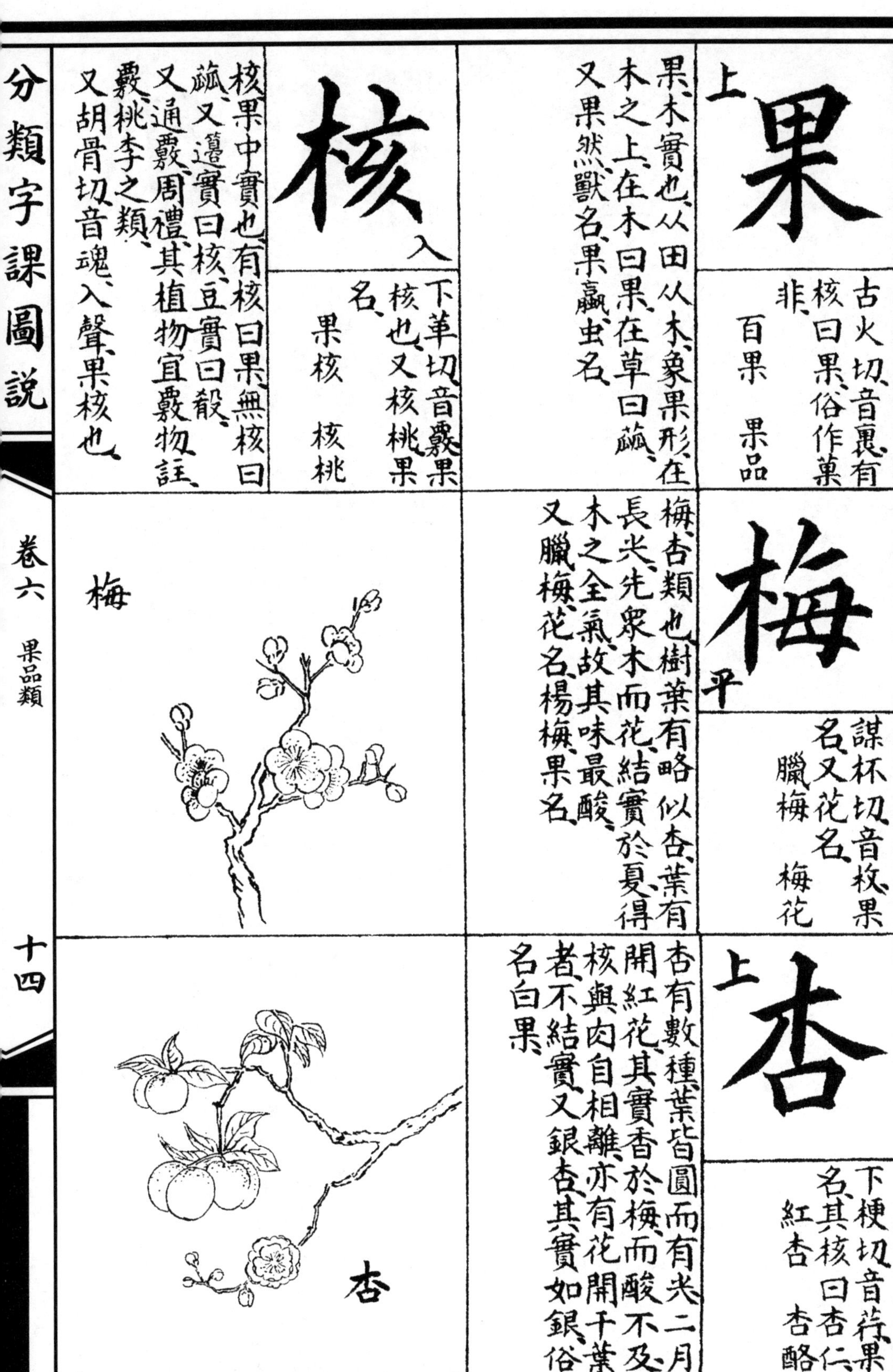

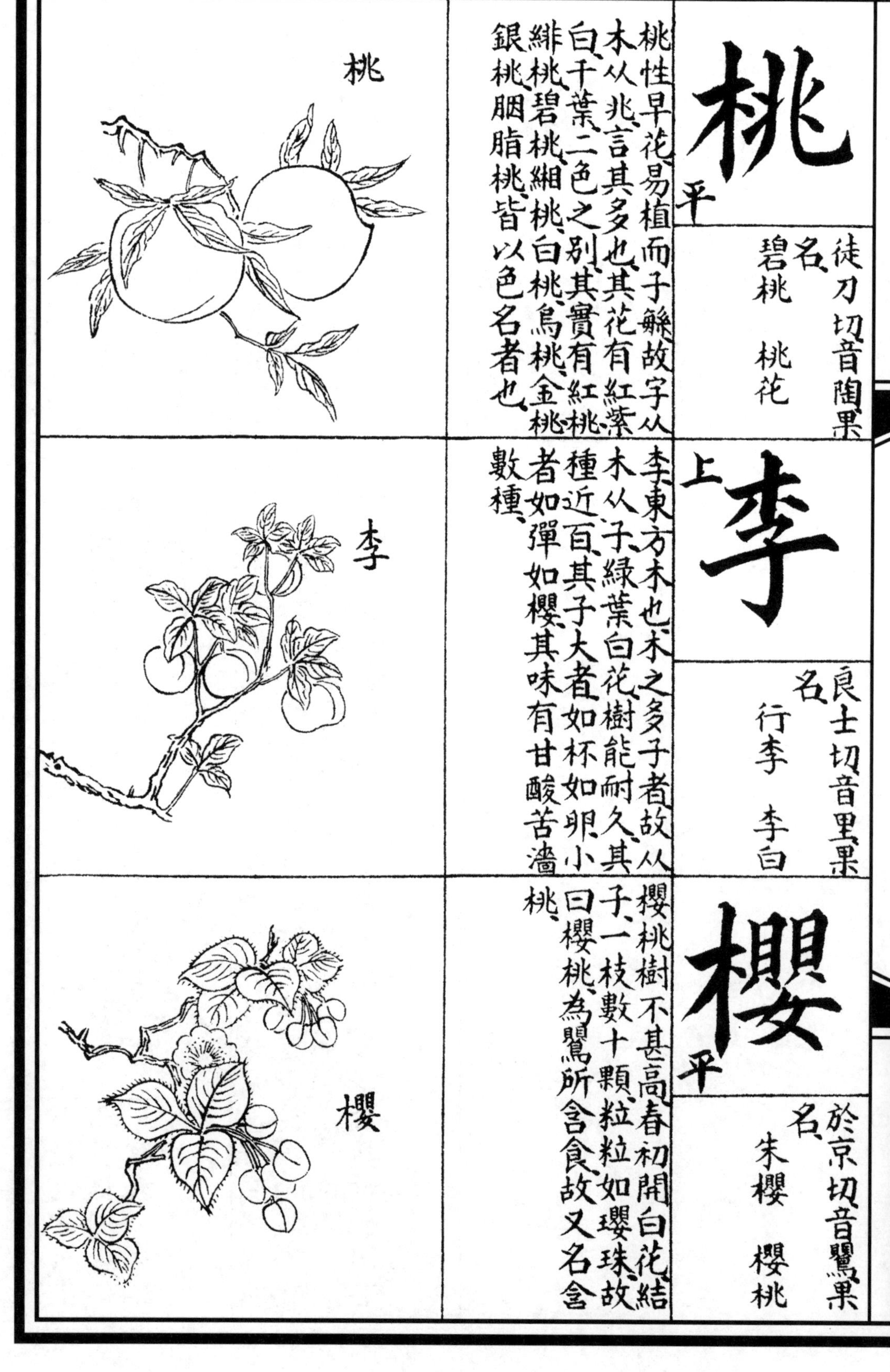

桃 平

徒刀切音陶果名

碧桃　桃花

桃性早花易植而子繁故字从木从兆言其多也其花有紅紫白千葉二色之别其實有紅桃緋桃碧桃緗桃白桃烏桃金桃銀桃胭脂桃皆以色名者也

李 上

良士切音里果名

行李　李白

李東方木也木之多子者故从木从子緑葉白花樹能耐久其種近百其子大者如杯如卵小者如彈如櫻其味有甘酸苦澀數種

櫻 平

於京切音鸎果名

朱櫻　櫻桃

櫻桃樹不甚高春初開白花結子一枝數十顆粒粒如瓔珠故曰櫻桃為鸎所含食故又名含桃

榴 平

力求切、音留、果名、

石榴　榴花

石榴、丹實、皮中如蜂窠、有黄膜隔之、子如人齒、淡紅色、亦有潔白如雪者、其樹五月開花、有紅黄白三色、單葉者結實、千葉者不結實、

柿 去

鉏里切、音士、果名、俗作柹、非、柹音肺、削木片也、字典作柹、今作柿、

方柿　柿餅

柿樹高、葉大、圓而光澤、四月開小花、黄白色、結實青綠色、八九月乃熟、

棃 平

良脂切、音黎、果名、亦作梨、

生棃　棃花

棃者利也、其性下利、故名曰棃、樹高一二丈、尖葉光膩、有細齒、二月開白花、六出如雪、上巳無風、則結實必嘉、古語云、上巳有風棃有蠹、中秋無月蚌無胎、

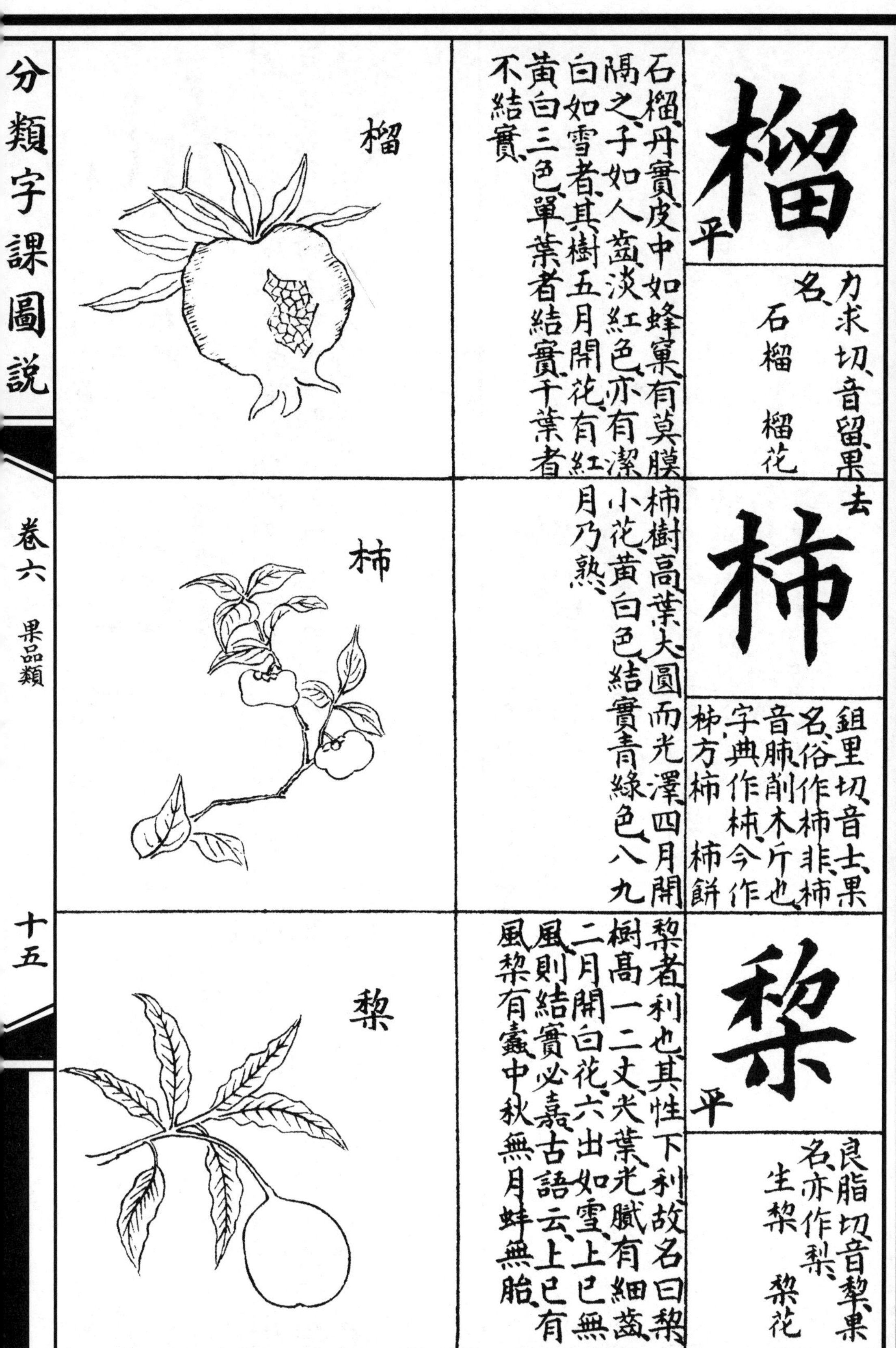

枇 平

頻脂切、音皮、枇杷、果名、

枇杷

枇杷樹高丈餘、肥枝長葉、形似琵琶、故名、四時不彫、冬月開白花、至三四月結實、白者為佳、黃者次之、

杷

杷 平

蒲巴切、音爬、田器也、

枇杷　杷鑵

杷、收麥器也、一曰平田之器、又枇杷、果名、詳上、

欖 上

盧敢切、音覽、橄欖、亦呼為格欖、

橄欖　欖仁

橄欖果雖熟、其色亦青、故俗呼青果、其樹枝高聳、果熟時、以木釘釘樹身、或納鹽少許於皮內、其果一夕自落、亦物理之妙也、

橄 上

古覽切、音敢、橄欖、果名、一名忠果、又名諫果、

橄欖

橄欖樹高丈餘、葉似櫸柳、二月開花、八月成實、狀如長棗、兩頭尖、色青、核亦兩頭尖而有稜、核內有三竅、中有仁可食、

橄

上 **棗** 子皓切，音蚤，果名。

紅棗　棗泥

棗，棘實也。大者曰棗，小者曰棘。棗性高，故重朿；棘性低，故並朿。棗棘皆有刺，會意也。其木赤心多刺，五月開白花，結實。

平 **萄** 徒刀切，音陶。葡萄，果名。又國名，葡萄牙，在非洲。

葡萄

葡萄，蔓生，葉似枯樓而有五尖。三月開小花成穗，黃白色，結實纍纍如珠，有黃白紫三種，並可釀酒。人酺飲之則醄然而醉，故有是名。

去 **蔗** 之夜切，音柘，甘蔗也。其味最甘，故名。

甘蔗　蔗糖

甘蔗，莖似竹而內實，大者高丈許，圍數寸，葉似荻。有二種：荻蔗，莖短細而節疏，但可生噉；竹蔗，莖粗而長，可取汁為糖。

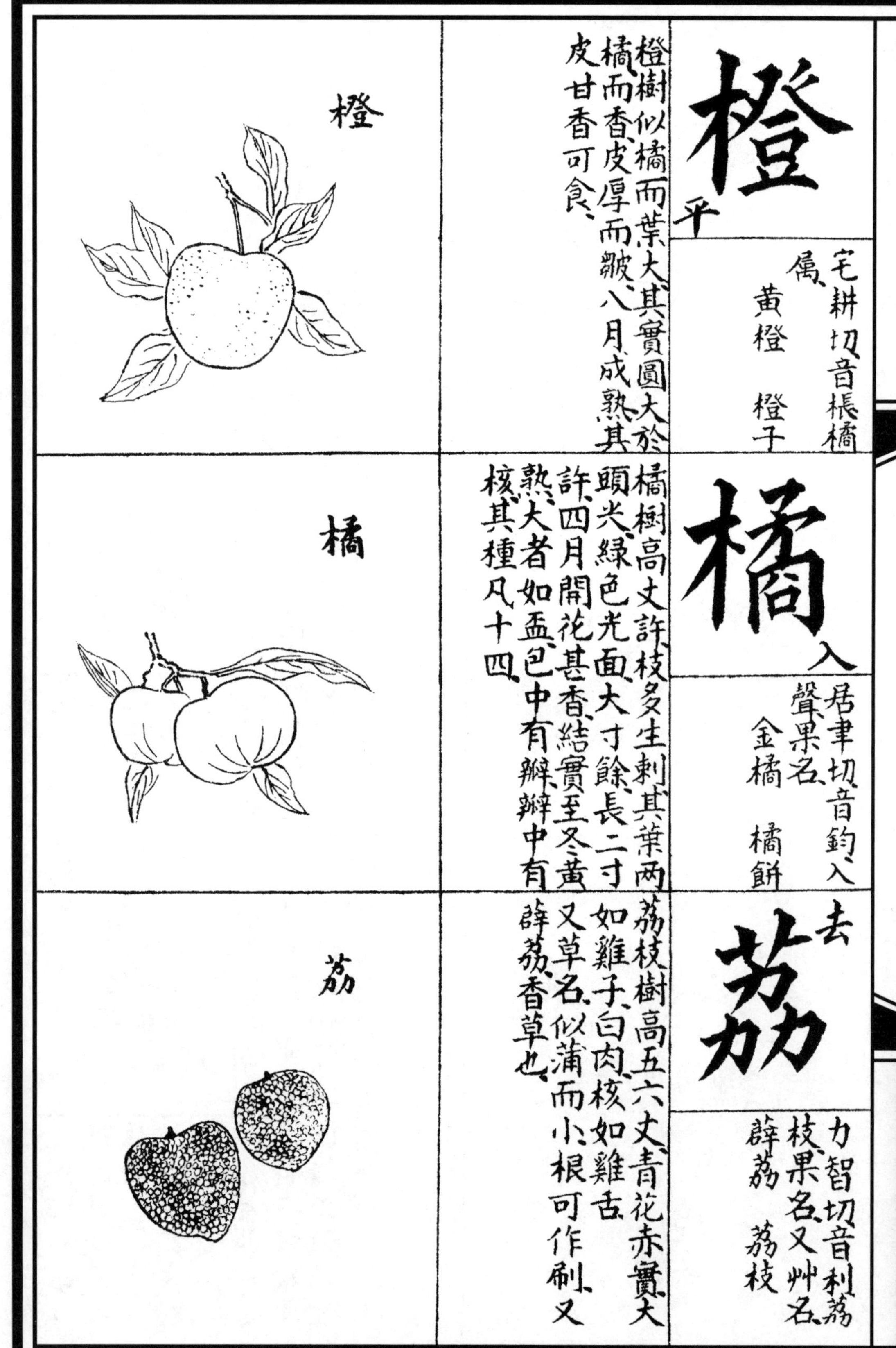

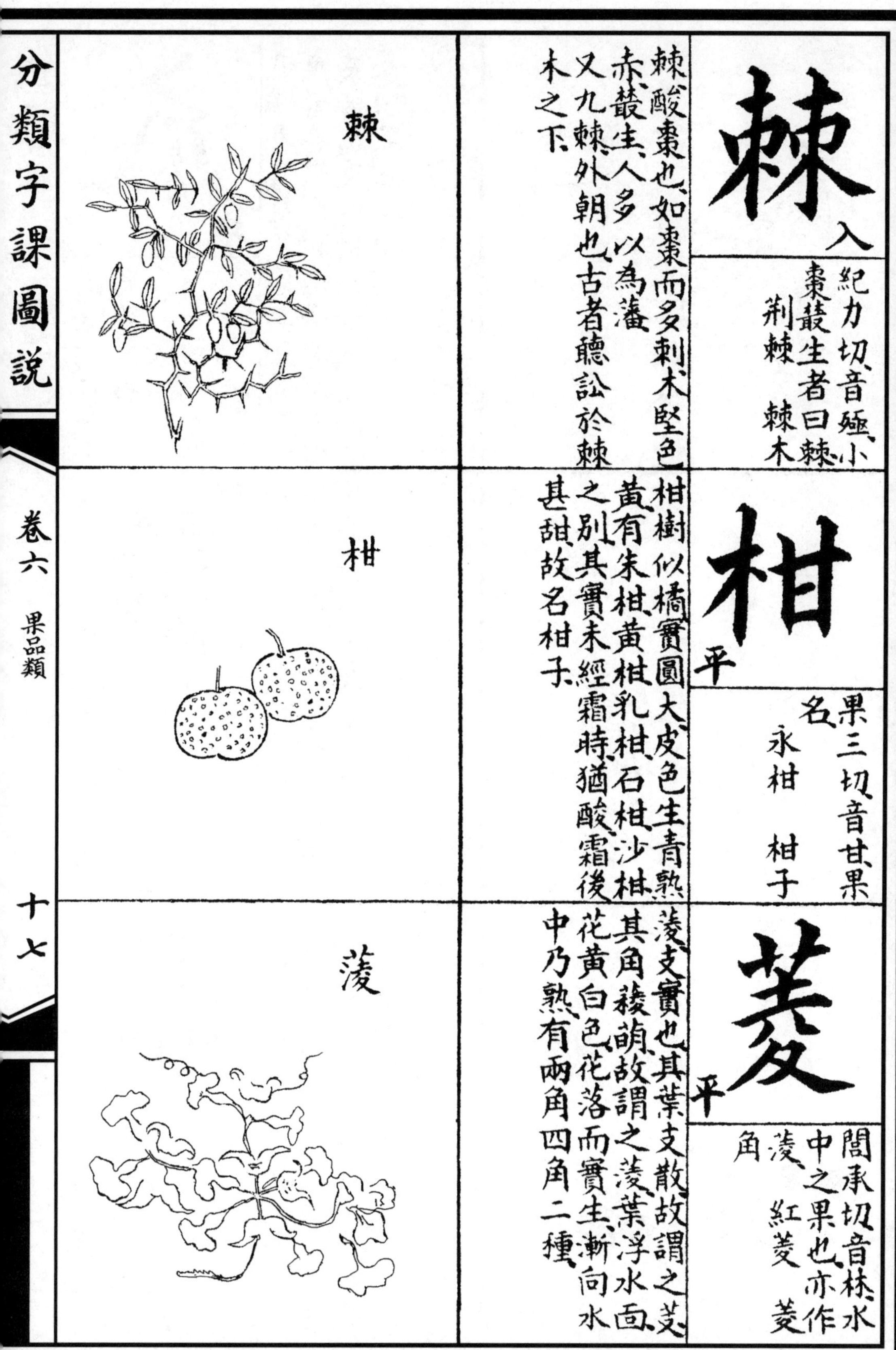

棘 入

紀力切，音殛，小棗叢生者曰棘。

荊棘　棘木

棘，酸棗也，如棗而多刺，木堅色赤，叢生，人多以為藩。又九棘外朝也，古者聽訟於棘木之下。

柑 平

果三切，音甘，果名。

永柑　柑子

柑樹似橘，實圓大，皮色生青熟黃，有朱柑、黃柑、乳柑、石柑、沙柑之別，其實未經霜時猶酸，霜後甚甜，故名柑子。

菱 平

閭承切，音林，水中之果也，亦作蔆。

紅菱　菱角

蔆，芰實也，其葉支散，故謂之芰，其角稜峭，故謂之蔆。葉浮水面，花黃白色，花落而實生，漸向水中乃熟，有兩角四角二種。

瓜 平

果華切、音騧、果名、又菜名、木瓜　瓜果

瓜、㼌也、其類不同、其用有二、供果者為果瓜、甜瓜西瓜是也、供菜者為菜瓜、胡瓜越瓜是也、在木曰果、在地曰蓏、

藕 上

五口切、音偶、荷根曰藕、泥藕　藕絲

藕生水中、其葉名荷、按爾雅云、荷芙渠、其莖茄、其葉蕸、其本蔤、其華菡萏、其實蓮、其根藕

荸 入

蒲沒切、音孛、荸薺、一作葧臍、荸薺

荸薺、一名烏芋、其根似芋、而色烏也、生浅水田中、其苗三四月出土、一莖直上、無枝葉、狀如龍鬚、其根白蒻、秋後結顆、大如查栗子、冬月取之、

薏 入

於力切，音億。薏苡仁，藥名。又穀名，俗呼米仁。

薏苡　薏仁

薏苡，二三月宿根自生，葉如初生芭茅。五六月抽莖開花結實，尖而殼薄，其仁白色如糯米。又有一種圓而殼厚堅硬者，即菩提子也，但可穿作念珠。

芡 上

具險切，音儉。雞頭也，俗呼雞頭子。

芡實　菱芡

芡實，苗生水中，葉大如荷，皺而有刺，花開大如拳，形如雞頭，故又名雞頭。其實如米，可以度飢。

棠 平

徒郎切，音唐。海棠，果名。又花名。

海棠　棠梨

棠有甘棠、沙棠、棃棠等名，今之又名為海棠者，即棠棃也。二月開紅花，實至八月乃熟，狀如棃，大如林檎，味甘酸可食。

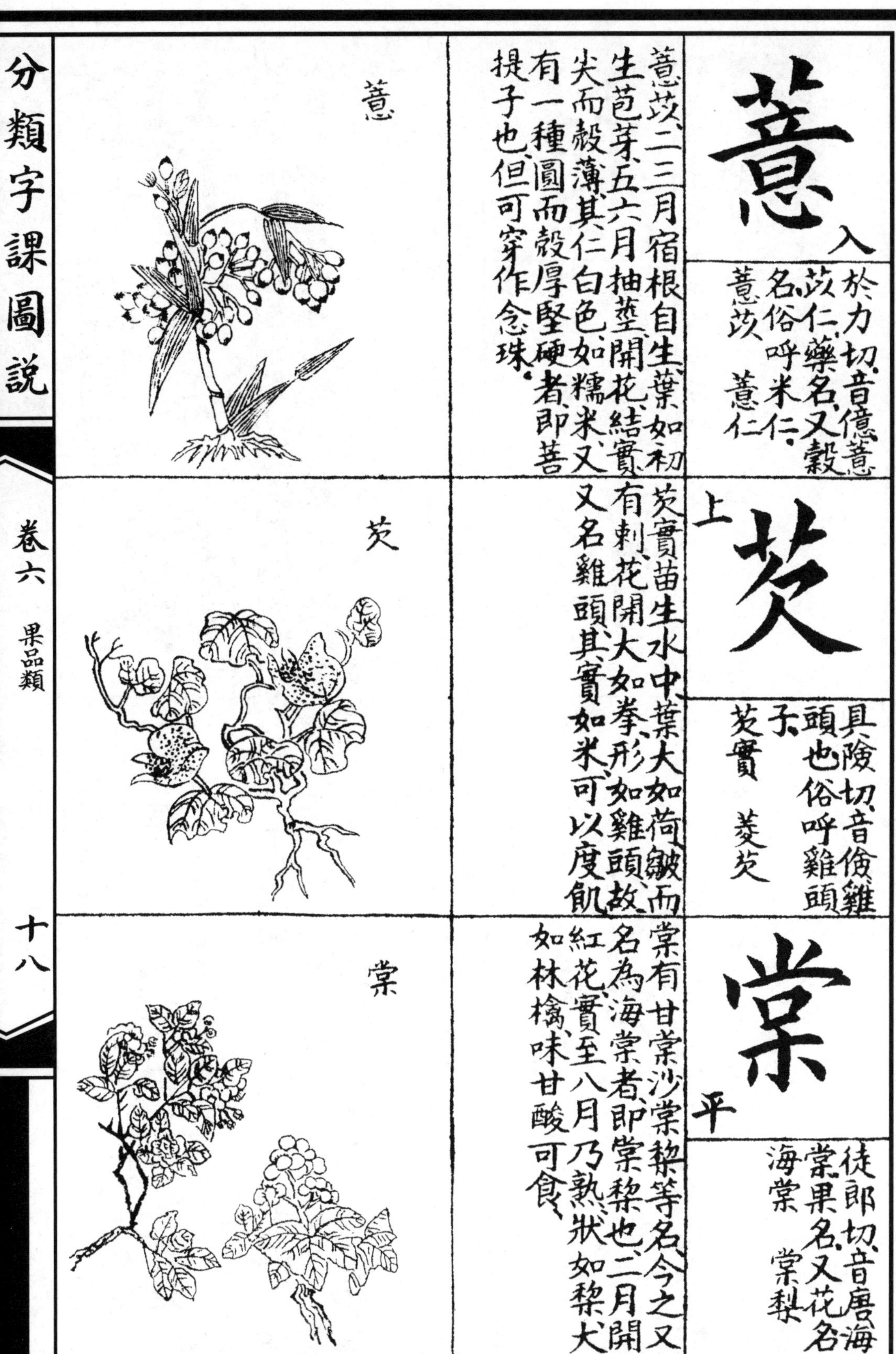

樹 去

殊遇切、音殊去聲、樹木也、俗作樹、

樹木　建樹

說文、生植之總名也、木本曰樹、又臣庾切、音豎、種樹曰樹、

根 平

古痕切、音跟、樹根也、

天根　根柢

說文、根、木株也、草木始生於根、根者本也、故事物之原始曰根本、又天根、星名、即氐星、

株 平

追輸切、音邾、計木之數曰株、

根株　株連

說文、株、木根也、在土中曰根、在土上曰株、又與誅通、株連、罪及餘人也、

林 平

黎沈切、音臨、叢木也、

樹木　林木

說文、平土有叢木曰林、故从二木、齊立也、又野外謂之林、又林鐘、律名、又羽林、星名、又武官名、又姓、殷比干之後、

柢 上

都禮切、音邸、木根也、

根柢　柢固

花之根謂之蒂、木之根謂之柢、故引申之為根本之統稱、

枝 平

旨而切、音支、樹枝也、

樹枝　枝條

說文、枝、木別生條也、本作支、故曰別生會意、又枝指、多指也、

柯 平

居何切、音歌、枝莖之別名、

斧柯　柯枝

柯、樹枝也、又草莖也、又斧柄曰柯、攷工記、柯長三尺、

梗 上

古杏切、音鯁、木枝曰梗、

桔梗　梗概

說文、梗、山枌榆、有朿莢、可為蕪荑者、又訓作枝梗之梗、又梗、正直也、梗、強猛也、梗概、大略也、

森 平

疏簪切、音參、或作槮、

蔭森　森林

森、木多貌、又茂盛也、蕭森、繁茂也、森林、叢木也、

條 平

田聊切、音迢、木分枝曰條、

規條　條目

條、小枝也、自枝而出曰條、凡言條者、一一而疏舉之、若木條然、故假借為條奏條例之條、引申為規條教條之條、

枚 平

謨杯切、音梅、木幹曰枚、

條枚　枚數

枚、幹也、可為杖、故从木从攴、一曰自條而出也、又个也、如枚數之枚是、

蔭 平

於禁切、音廕、樹蔭也、通作廕、庇也、

樹蔭　蔭翳

蔭、草陰地也、樹木之影曰蔭、又於金切、音陰、義同、

叢 平

徂聰切、音族平聲、或作藂、

花叢　叢林

說文叢聚也故从丵从取、亦作藂、詩葛覃註灌木曰藂、後人誤作菆或作蕞皆非、

菀 平

于阮切、音婉、菜名、

紫菀　菀枯

上菀、紫菀也因其根色紫而柔宛故名曰紫菀、又紆勿切音鬱、茂盛貌、

杪 上

亡沼切、音渺、木之末也、

月杪　杪針

杪微小也木至末必小故曰杪、引申之歲月之末亦曰杪、如歲杪月杪之類是、

枯 平

空胡切、音刳、木無枝葉曰枯、

榮枯　枯樹

枯、槀木也又山澤無水曰枯、又後五切音户、竹名、通作楛、

槁 平

苦浩切、音考、本作槀、

枯槁　槁木

槁枯木也草木空中者必槁又乾也乾魚謂之槁、又古老切音縞、槀本、藥名、

萎 上平

於危切、音逶、草木枯萎也

枯萎　萎蕤

萎蔫也物不鮮曰萎、枝葉彫落曰萎、又病也、禮哲人其萎乎、又鄔毀切音委、萎蕤、藥名、

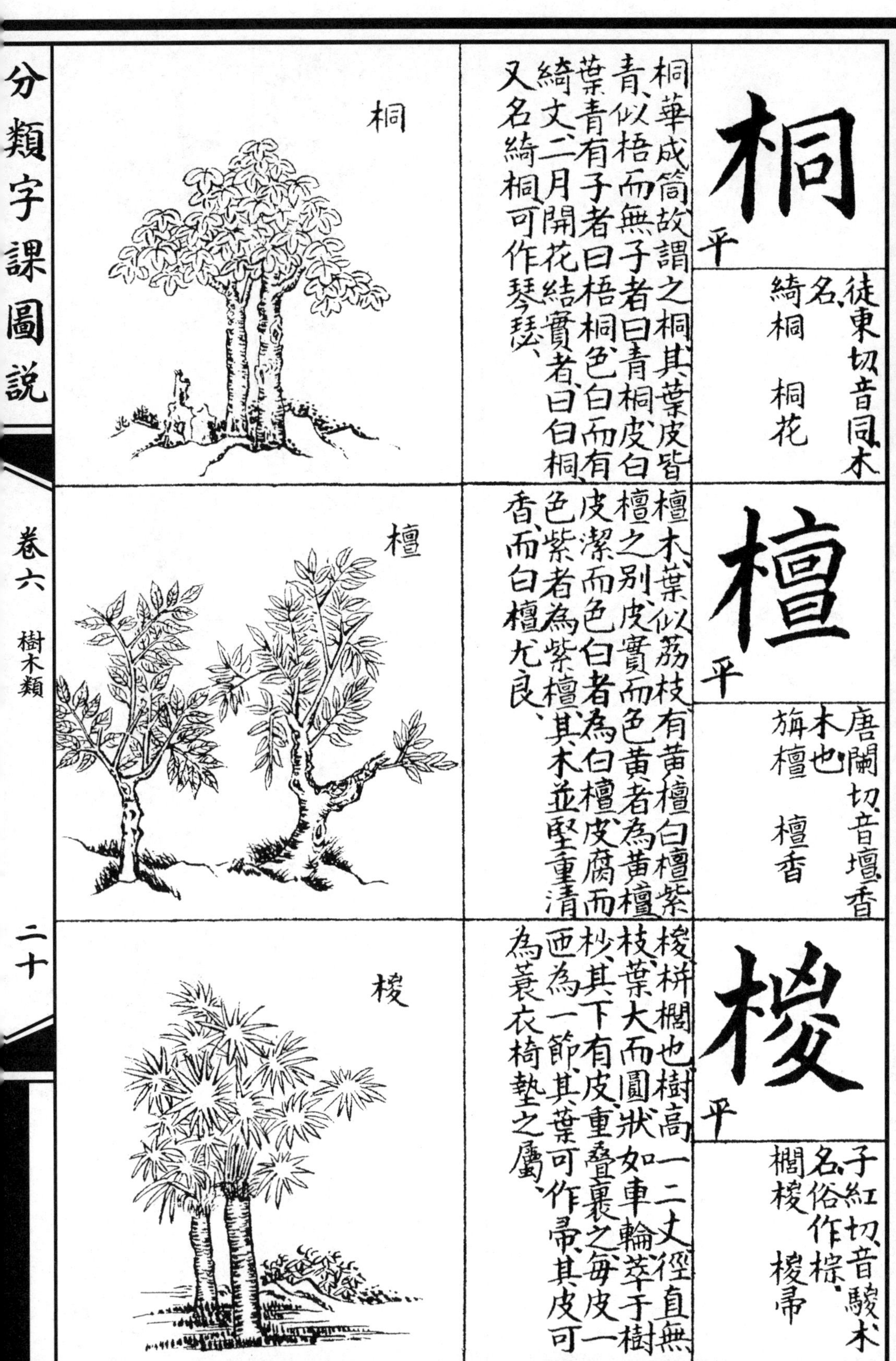

桐 平

徒東切，音同。木名。

綺桐　桐花

桐華成筒，故謂之桐。其葉皮皆青，似梧而無子者，曰青桐；皮白葉青有子者，曰梧桐；色白而有綺文，二月開花結實者，曰白桐。又名綺桐，可作琴瑟。

檀 平

唐闌切，音壇。香木也。

旃檀　檀香

檀木葉似荔枝，有黃檀、白檀、紫檀之別。皮實而色黃者為黃檀；皮潔而色白者為白檀；皮腐而色紫者為紫檀。其木並堅重清香，而白檀尤良。

椶 平

子紅切，音騣。木名。俗作棕。

栟櫚　椶帚

椶，栟櫚也。樹高一二丈，徑直無枝，葉大而圓，狀如車輪，萃于樹杪。其下有皮重疊裹之，每皮一匝為一節。其葉可作帚，其皮可為蓑衣、椅墊之屬。

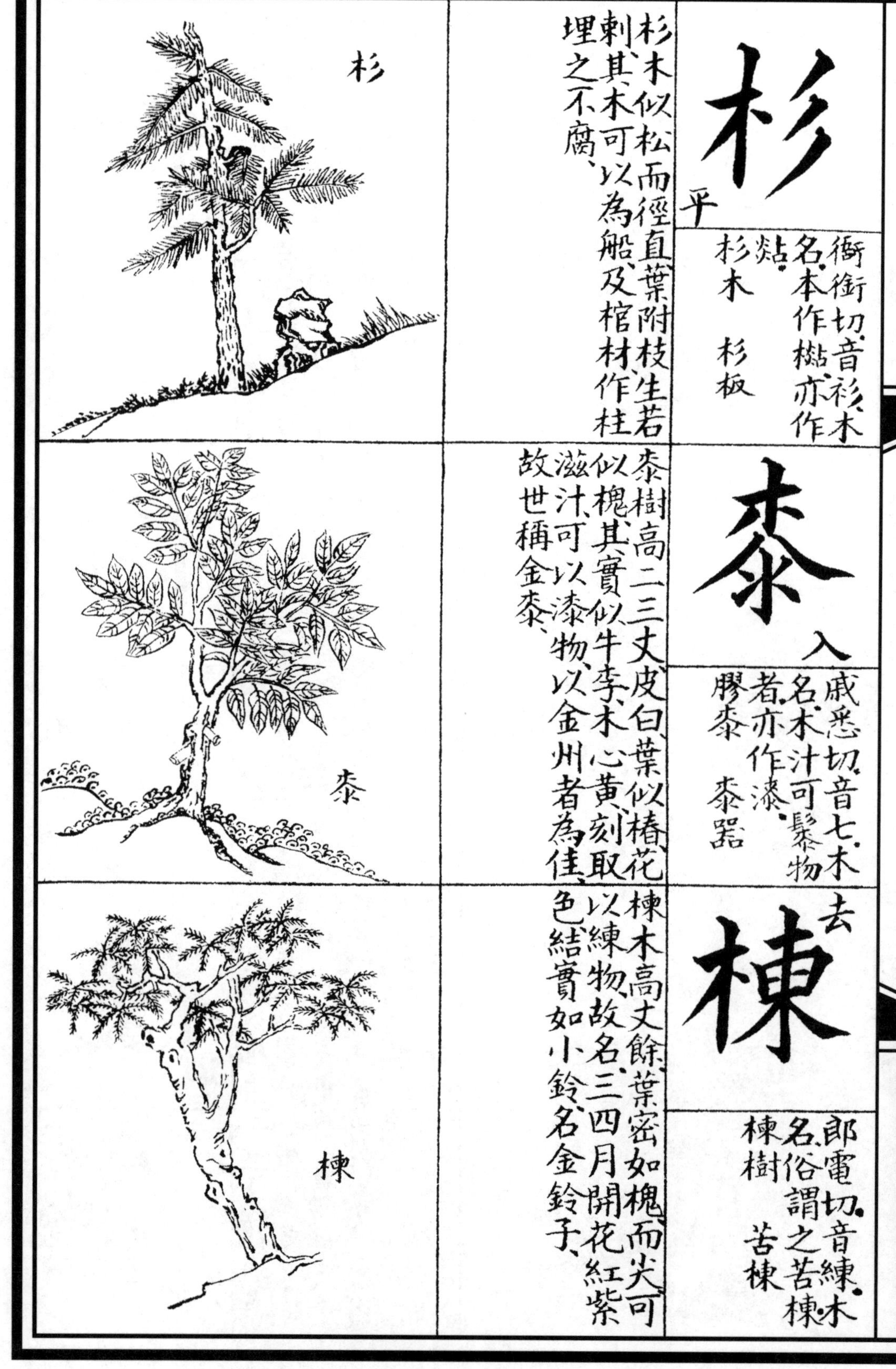

杉 平

衙衘切，音衫，木名，本作椺，亦作煔。

杉木　杉板

杉木似松而徑直，葉附枝生若刺，其木可以為船及棺材，作柱埋之不腐。

桼 入

戚悉切，音七，木名，木汁可髹桼物者，亦作漆。

膠桼　桼器

桼樹高二三丈，皮白，葉似椿，花似槐，其實似牛李，木心黃，刻取滋汁，可以漆物，以金州者為佳，故世稱金桼。

楝 去

郎電切，音練，木名，俗謂之苦楝。

楝樹　苦楝

楝木高丈餘，葉密如槐而尖，可以練物，故名，三四月開花紅紫色，結實如小鈴，名金鈴子。

梓 上

祖士切，音耔。木名，楸屬。

桑梓 梓鄉

梓木為百木之長，故呼梓為木王，蓋木莫良于梓，故書以梓材名篇，禮以梓人名匠，朝廷以梓宮名棺也。或曰屋室有此木，則餘材皆不震，其為木王可知。

枏 平

那含切，音南。木名。

楠木

枏一作楠，南方之木也，故字从南。其木直上，童童若幢蓋之狀，枝葉不相礙，經歲不彫，高者十餘丈，大者數圍，可為梁棟器物，蓋良材也。

樟 平

諸良切，音章。木名。

香樟 樟腦

樟木，葉似枏而尖長，背有黃赤茸毛，四時不彫，夏開細花，結小子，木大者數抱，肌理細而錯縱有文，故名樟。樟腦，樟木脂膏也。

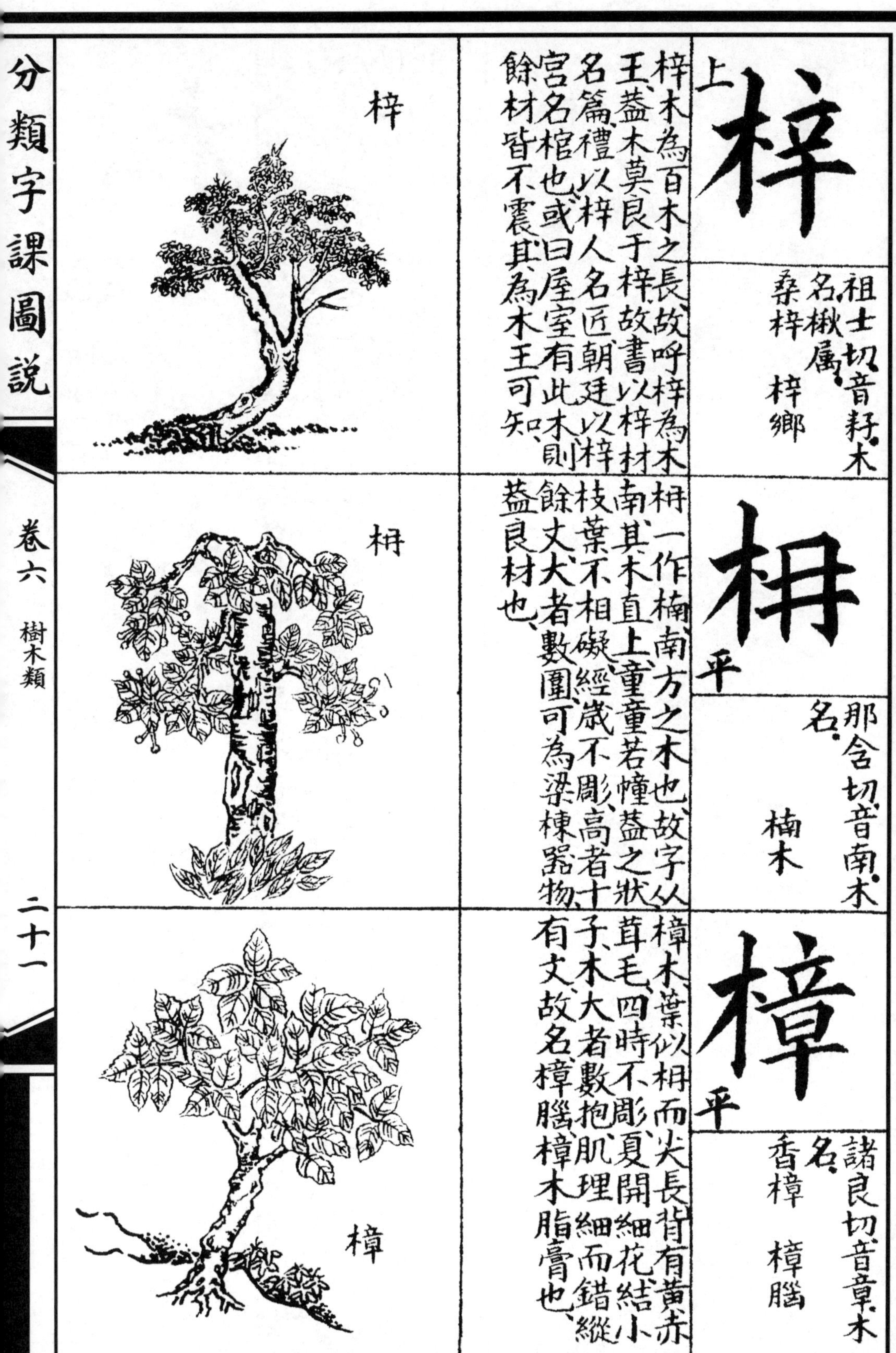

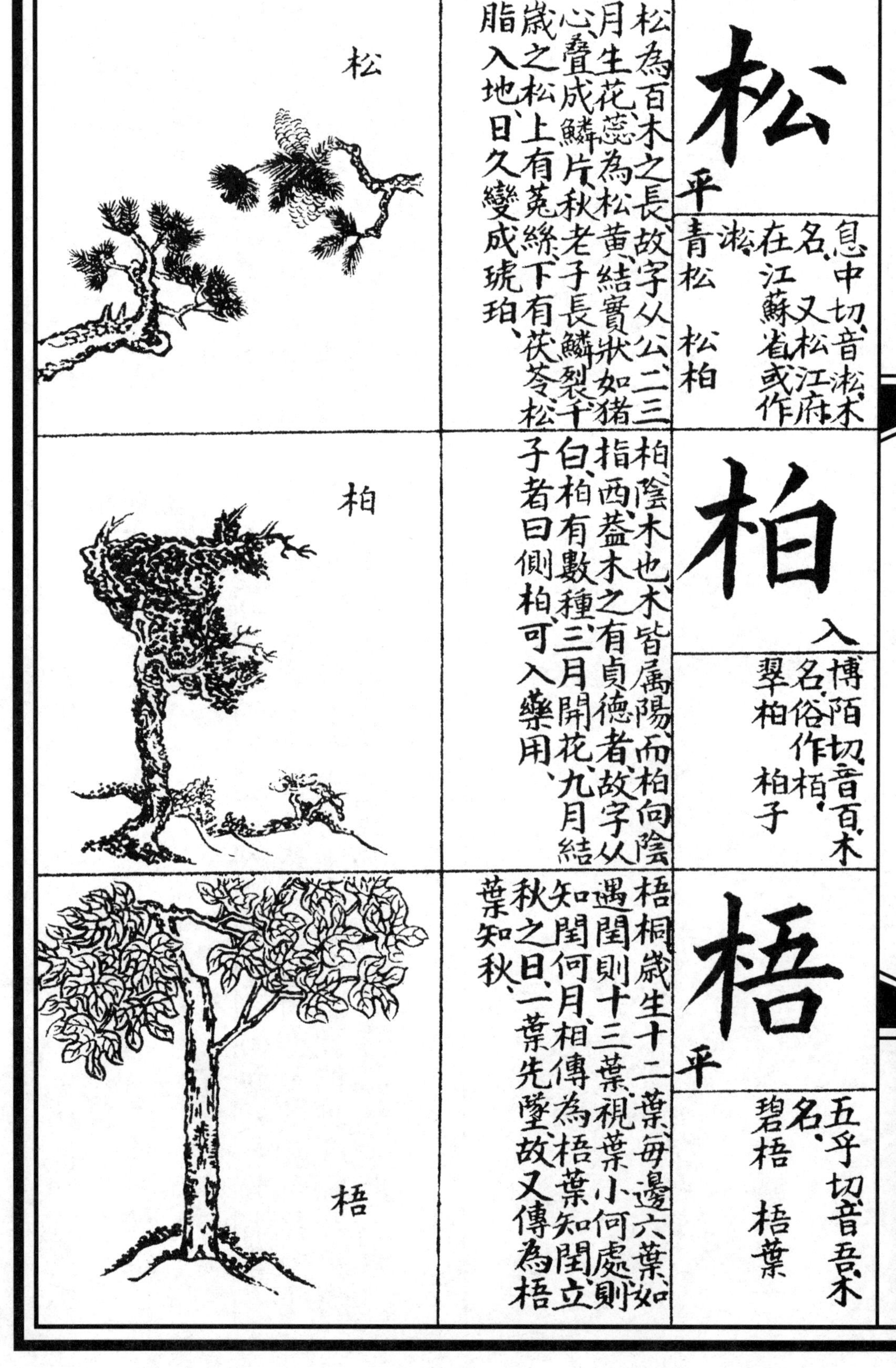

松 平

息中切、音淞、木名、又松江府在江蘇省、或作淞、

青松　松柏

松為百木之長、故字从公、二三月生花蕊、為松黃、結實狀如猪心、疊成鱗片、秋老子長、鱗裂、千歲之松、上有菟絲、下有茯苓、松脂入地、日久變成琥珀、

松

柏 入

博陌切、音百、木名、俗作栢、

翠柏　柏子

柏、陰木也、木皆屬陽、而柏向陰指西、蓋木之有貞德者、故字从白、柏有數種、三月開花、九月結子者曰側柏、可入藥用、

柏

梧 平

五乎切、音吾、木名、

碧梧　梧葉

梧桐、歲生十二葉、每邊六葉、如遇閏則十三葉、視葉小何處、則知閏何月、相傳為梧葉知閏、立秋之日、一葉先墜、故又傳為梧葉知秋、

梧

櫟

入

即狄切，音歷，無用之木也。

樗櫟 櫟社

櫟似樗，高數丈，三四月開黃花，八九月結實，其木堅而不堪充材，亦木之性也，惟爲炭則他木皆不及。

杞

上

口已切，音起，木名，又藥名。

枸杞 杞楠

枸杞，葉似榴而軟薄，其莖幹高四五尺，作叢，六七月生小紅紫花，結實如棗核，其根名地骨皮。

槐

平

户乖切，音懷，木名。

盤槐 槐黃

槐有數種，葉大而黑者名懷槐，晝合夜開者名守宮槐，葉細而青綠者，但謂之槐，四五月開黃花，六七月結實，收之可染皁。

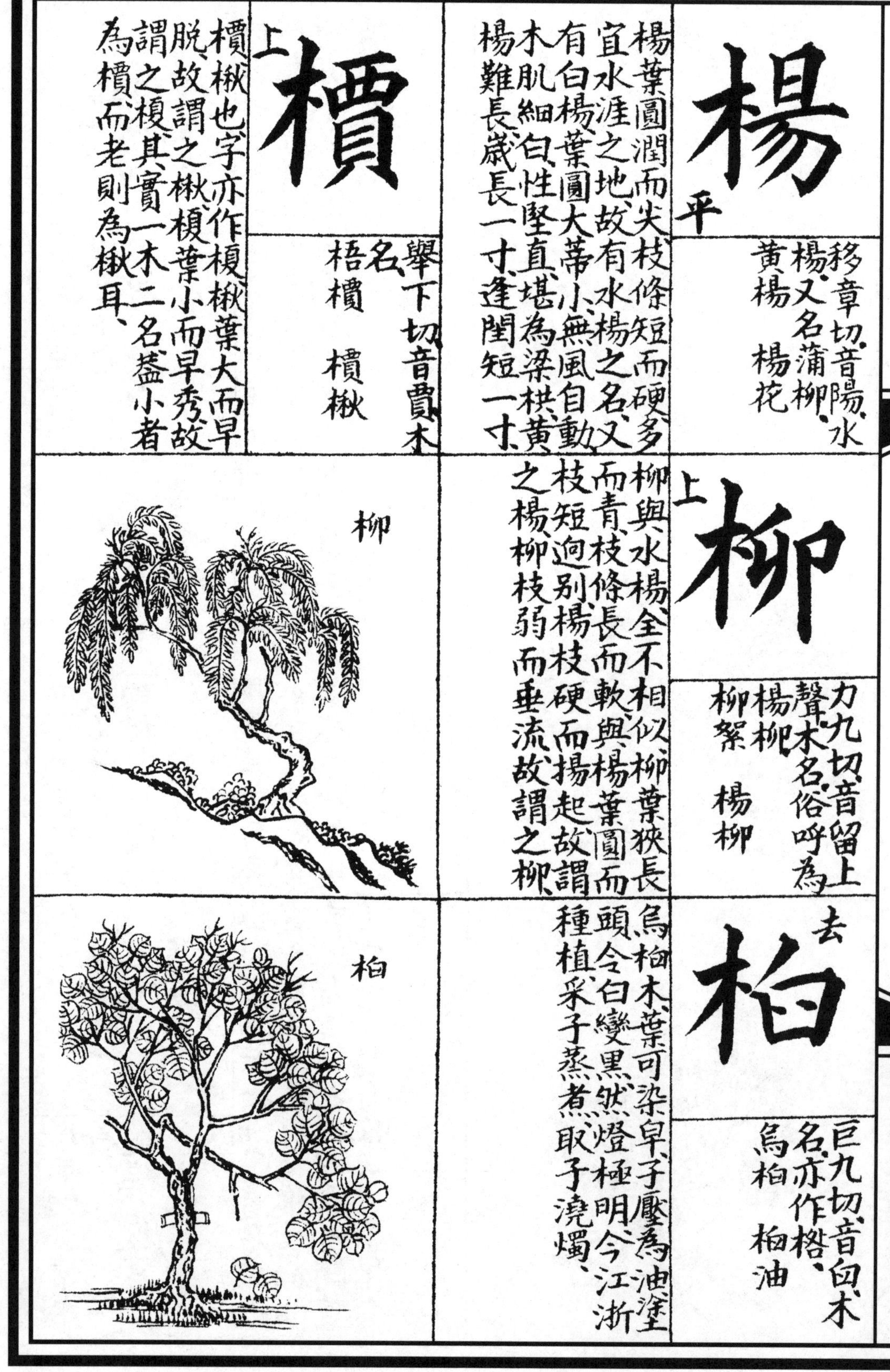

楊（平）

移章切，音陽。水楊，又名蒲柳。

黃楊　楊花

楊葉圓潤而尖，枝條短而硬，多宜水涯之地，故有水楊之名。又有白楊，葉圓大蒂小，無風自動。黃楊木肌細白，性堅直，堪為梁栱。黃楊難長，歲長一寸，逢閏短一寸。

柳（上）

力九切，音留上聲。木名。俗呼為楊柳。

柳絮　楊柳

柳與水楊全不相似。柳葉狹長而青，枝條長而軟，與楊葉圓而枝短迥別。楊枝硬而揚起，故謂之楊；柳枝弱而垂流，故謂之柳。

桕（去）

巨九切，音臼。木名。亦作櫓。

烏桕　桕油

烏桕木，葉可染皁，子壓為油，塗頭令白變黑，然燈極明。今江浙種植，采子蒸煮，取子澆燭。

檟（上）

舉下切，音賈。木名。

梧檟　檟楸

檟，楸也。字亦作榎。楸葉大而早脫，故謂之楸；榎葉小而早秀，故謂之榎。其實一木二名，蓋小者為檟，而老則為楸耳。

柳

桕

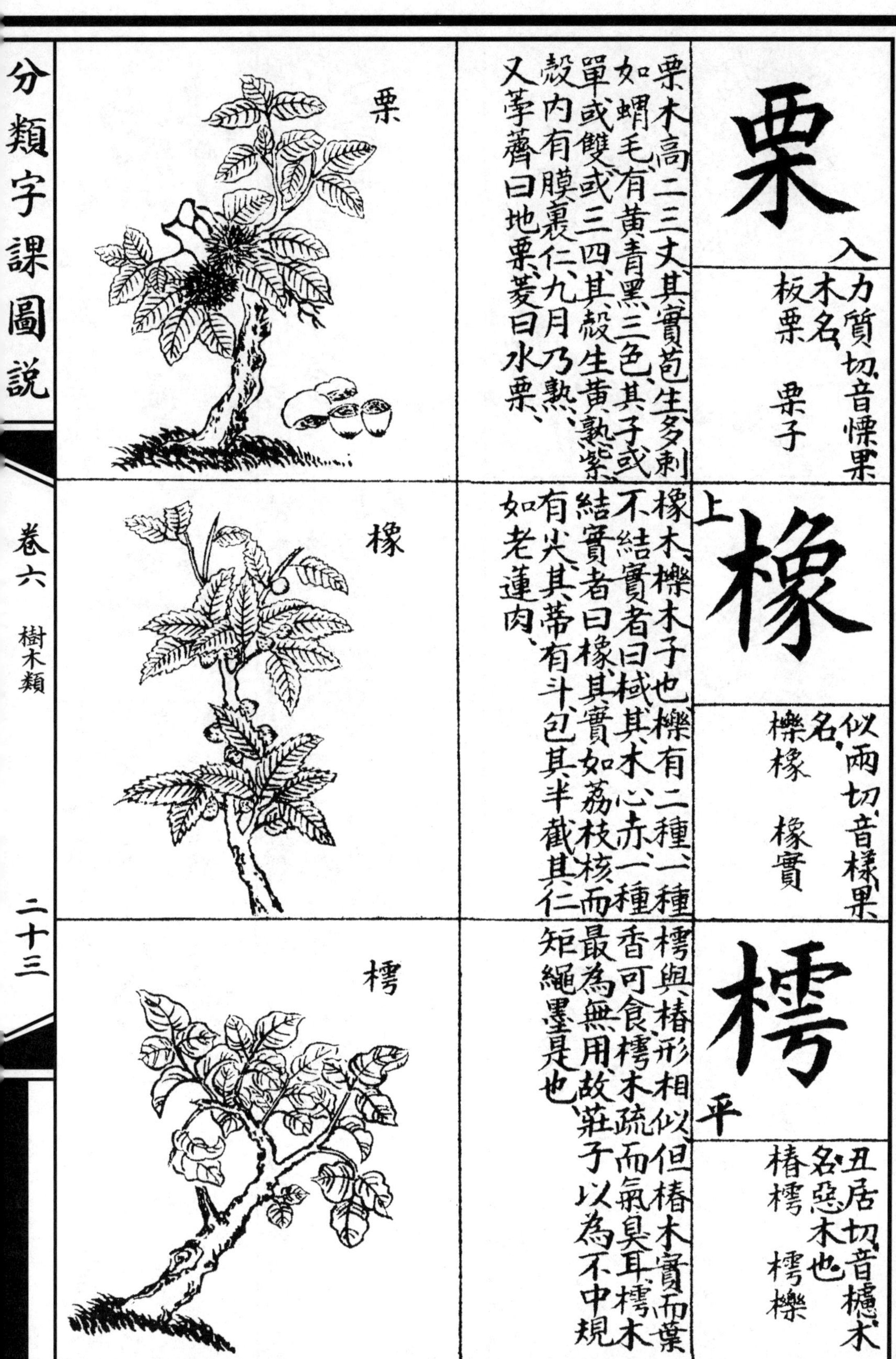

栗 入

力質切音慄果木名

板栗 栗子

栗木高二三丈其實苞生多刺如蝟毛有黃青黑三色其子或單或雙或三四其殼生黃熟紫殼內有膜裹仁九月乃熟又荸薺曰地栗菱曰水栗

橡 上

似兩切音樣果名

櫟橡 橡實

橡木櫟木子也櫟有二種一種不結實者曰棫其木心赤一種結實者曰橡其實如荔枝核而有尖其蒂有斗包其半截其仁如老蓮肉

樗 平

丑居切音櫖木名惡木也

椿樗 樗櫟

樗與椿形相似但椿木實而葉香可食樗木疏而氣臭耳樗木最為無用故莊子以為不中規矩繩墨是也

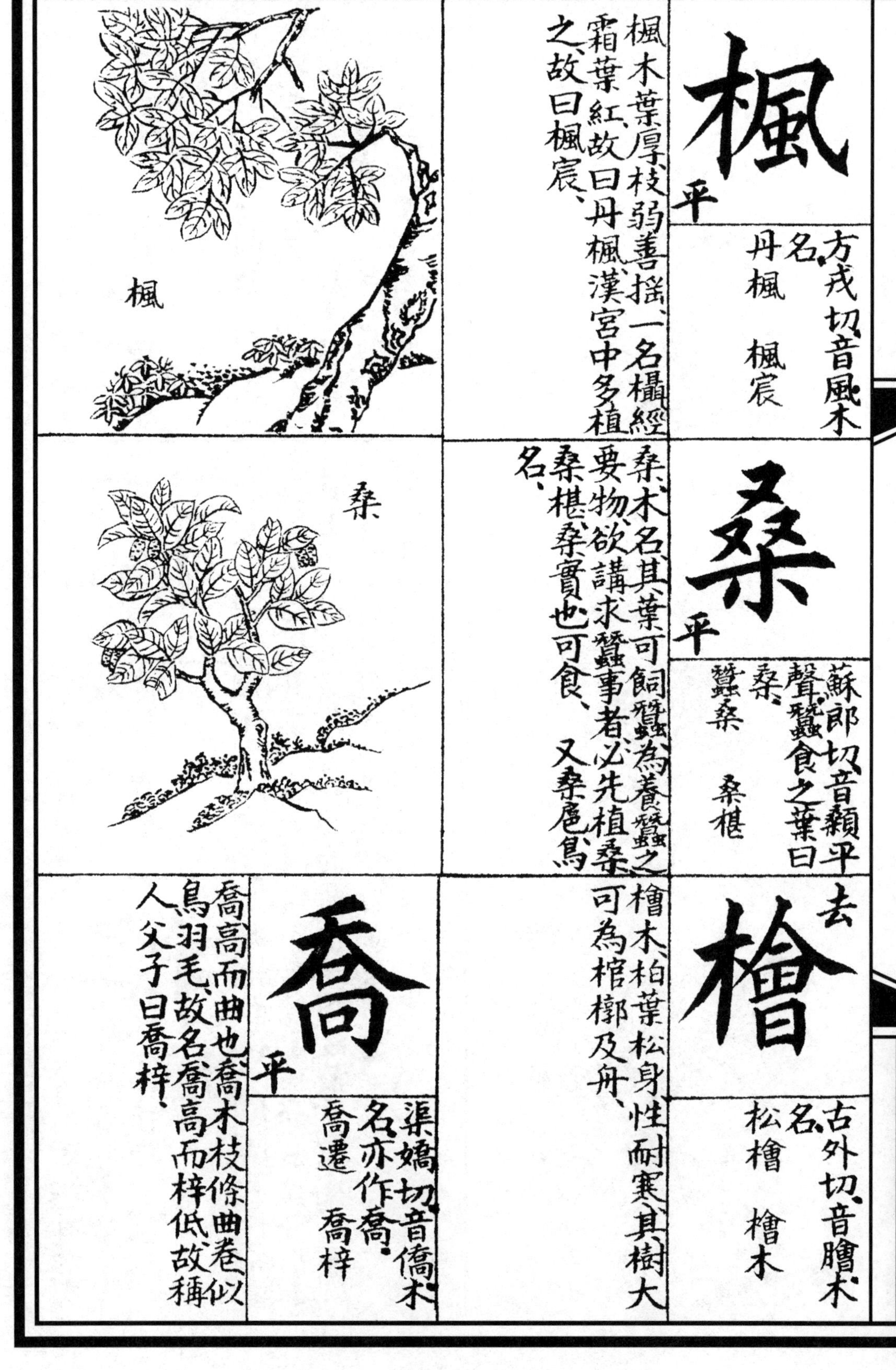

楓 平

方戎切、音風、木名、

丹楓　楓宸

楓木葉厚、枝弱善搖、一名欇、經霜葉紅、故曰丹楓、漢宮中多植之、故曰楓宸、

桑 平

蘇郎切、音顙、平聲、蠶食之葉曰桑、

蠶桑　桑椹

桑、木名、其葉可飼蠶、為養蠶之要物、欲講求蠶事者、必先植桑、桑椹、桑實也、可食、又桑扈、鳥名、

檜 去

古外切、音膾、木名、

松檜　檜木

檜木、柏葉松身、性耐寒、其樹大可為棺槨及舟、

喬 平

渠嬌切、音僑、木名、亦作喬、

喬遷　喬梓

喬、高而曲也、喬木枝條曲卷、似鳥羽毛、故名、喬高而梓低、故稱人父子曰喬梓、

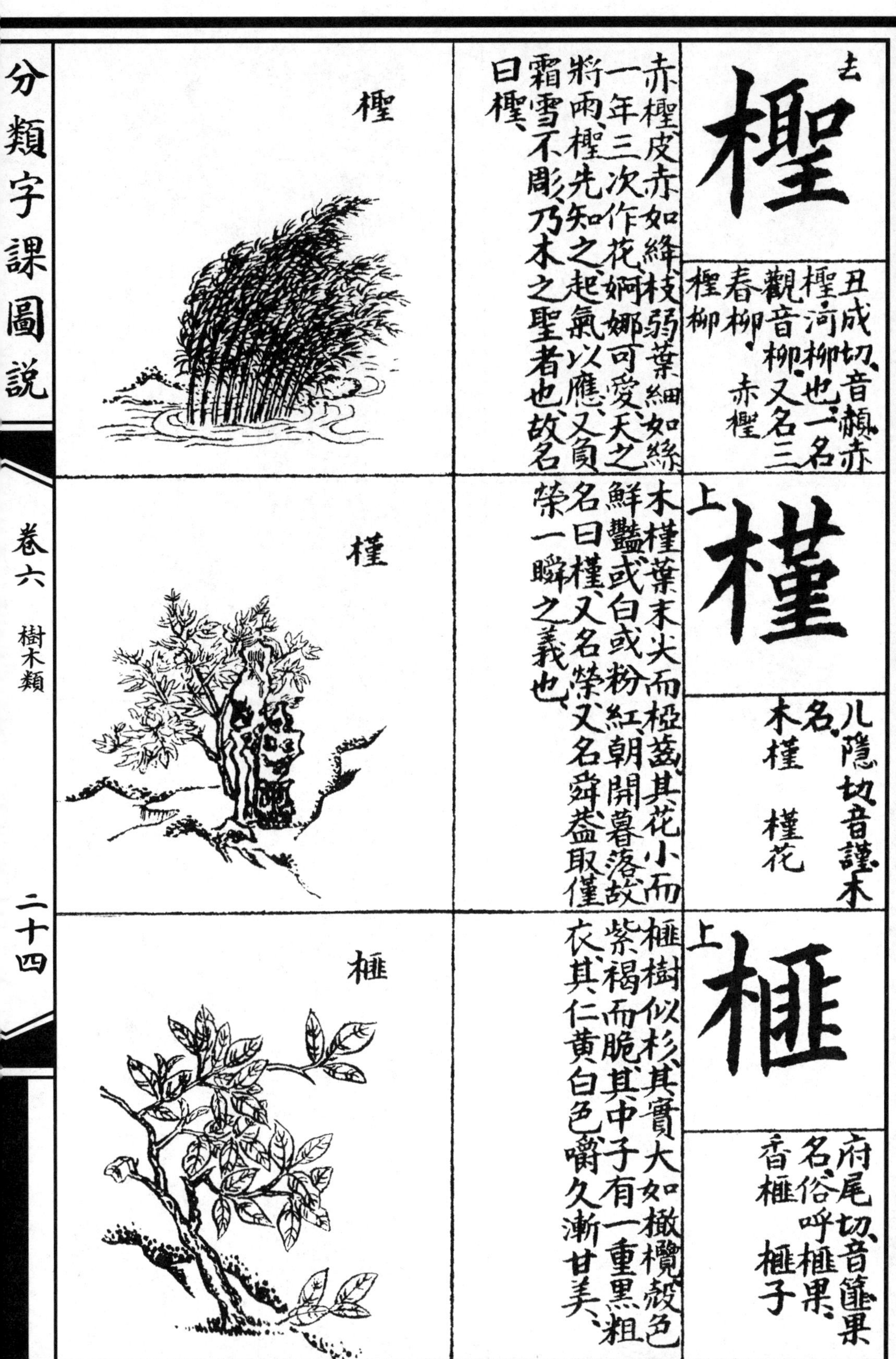

去 **檉**

丑成切，音赬。赤檉，河柳也。一名觀音柳，又名三春柳、赤檉、檉柳。

赤檉皮赤如絳，枝弱葉細如絲，一年三次作花，婀娜可愛。天之將雨，檉先知之，起氣以應，又負霜雪不彫，乃木之聖者也，故名曰檉。

上 **槿**

几隱切，音謹。木名。木槿、槿花。

木槿葉末尖而椏鋸，其花小而鮮豔，或白或粉紅，朝開暮落，故名曰槿，又名榮，又名舜，葢取僅榮一瞬之義也。

上 **榧**

府尾切，音匪。果名。俗呼榧果、香榧、榧子。

榧樹似杉，其實大如橄欖，殼色紫褐而脆，其中子有一重黑粗衣，其仁黃白色，嚼久漸甘美。

檉

槿

榧

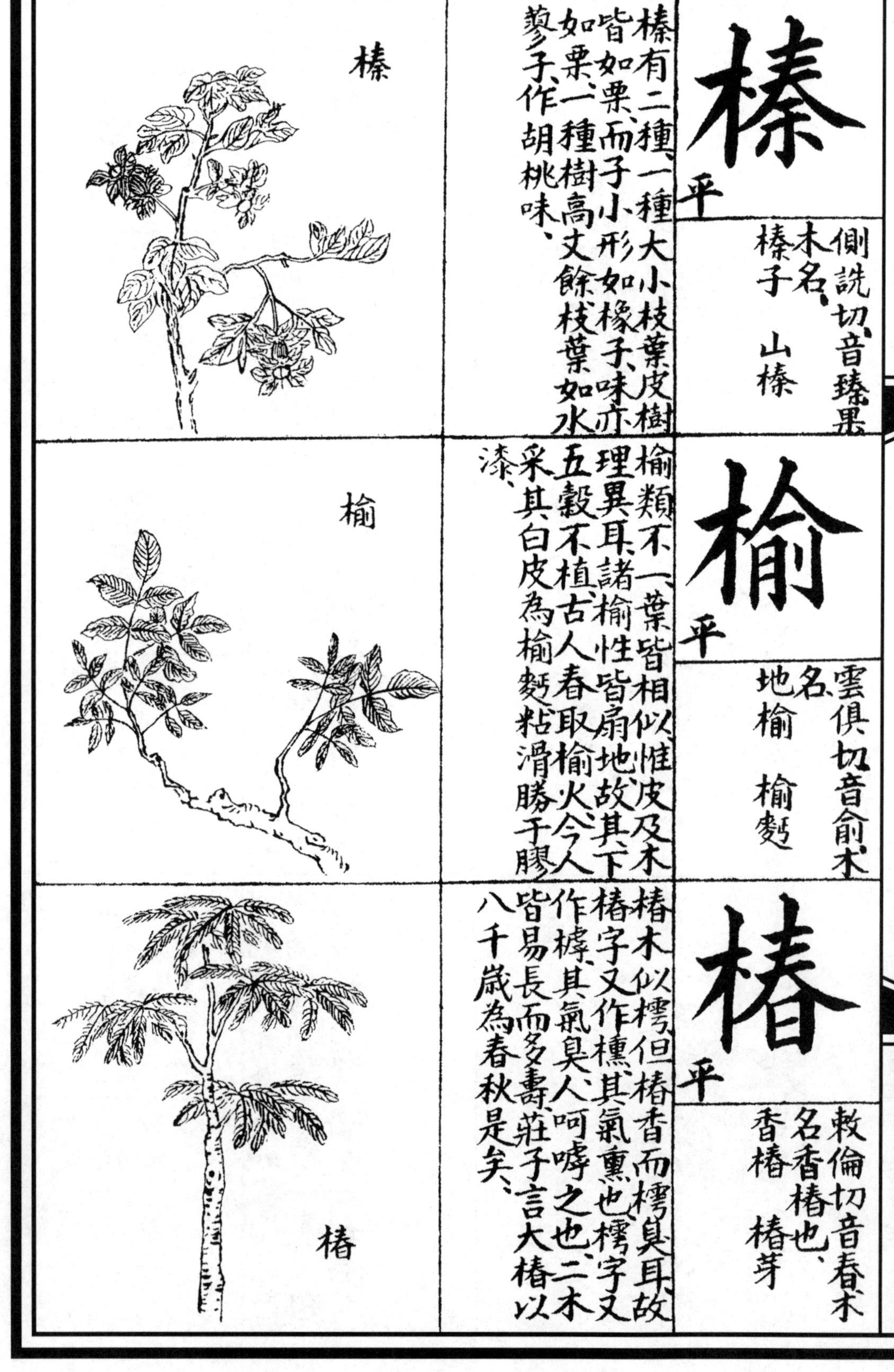

榛 平

側詵切，音臻，果木名、

榛子　山榛

榛有二種、一種大小枝葉皮樹皆如栗、而子小形如橡子、味亦如栗、一種樹高丈餘枝葉如水蓼子、作胡桃味、

榆 平

雲俱切，音俞，木名、

地榆　榆麪

榆類不一、葉皆相似、惟皮及木理異耳、諸榆性皆扇地、故其下五穀不植、古人春取榆火、今人采其白皮為榆麪、粘滑勝于膠漆、

椿 平

敕倫切，音春，木名，香椿也、

香椿　椿芽

椿木似樗、但椿香而樗臭耳、故椿字又作櫄、其氣熏也、樗字又作樗、其氣臭、人呵嘑之也、二木皆易長而多壽、莊子言大椿以八千歲為春秋是矣、

竹 入

之六切，音竺。植物之中空生節者曰竹。

綠竹　竹園

竹，冬生青草也，故字从倒艸，象形，下垂也。竹類不一，皆空中而有節，枝葉經冬不彫。

簜 去

待朗切，音蕩。大竹曰簜。

篠簜　簜竹

簜，竹之濶節者。爾雅釋草註：簜，竹別名。竹節相去一丈曰簜。古者篠簜為材貢之物。

籜 入

他各切，音託。箬籜也。

解籜　籜箬

籜，竹皮也。竹初生謂之筍，包裹筍者謂之籜。又草名，葵本而杏葉，黃花而莢實，其名曰籜，可以已瞢。

筠 平

于倫切，音荺。竹膚曰筠。

松筠　筠操

筠，竹之青皮也。竹中空無心，其堅質在皮膚，故名曰筠。

篁 平

胡光切，音皇。竹蕟曰篁。又竹名。

幽篁　篁竹

篁，竹田也。謂竹之蕟生如野田者。又竹名。篁竹堅而促節，皮白如霜，大者可為船，小者可為笛。

篠 平

先了切，音⿰魚了。小竹曰篠。又竹名。

翠篠　篠簜

篠，細竹也。竹譜：海島有篠，大者如筋，內實外堅，拔之不曲，枝葉稀少，狀如枯枝，其材可為箭。又與簫通。

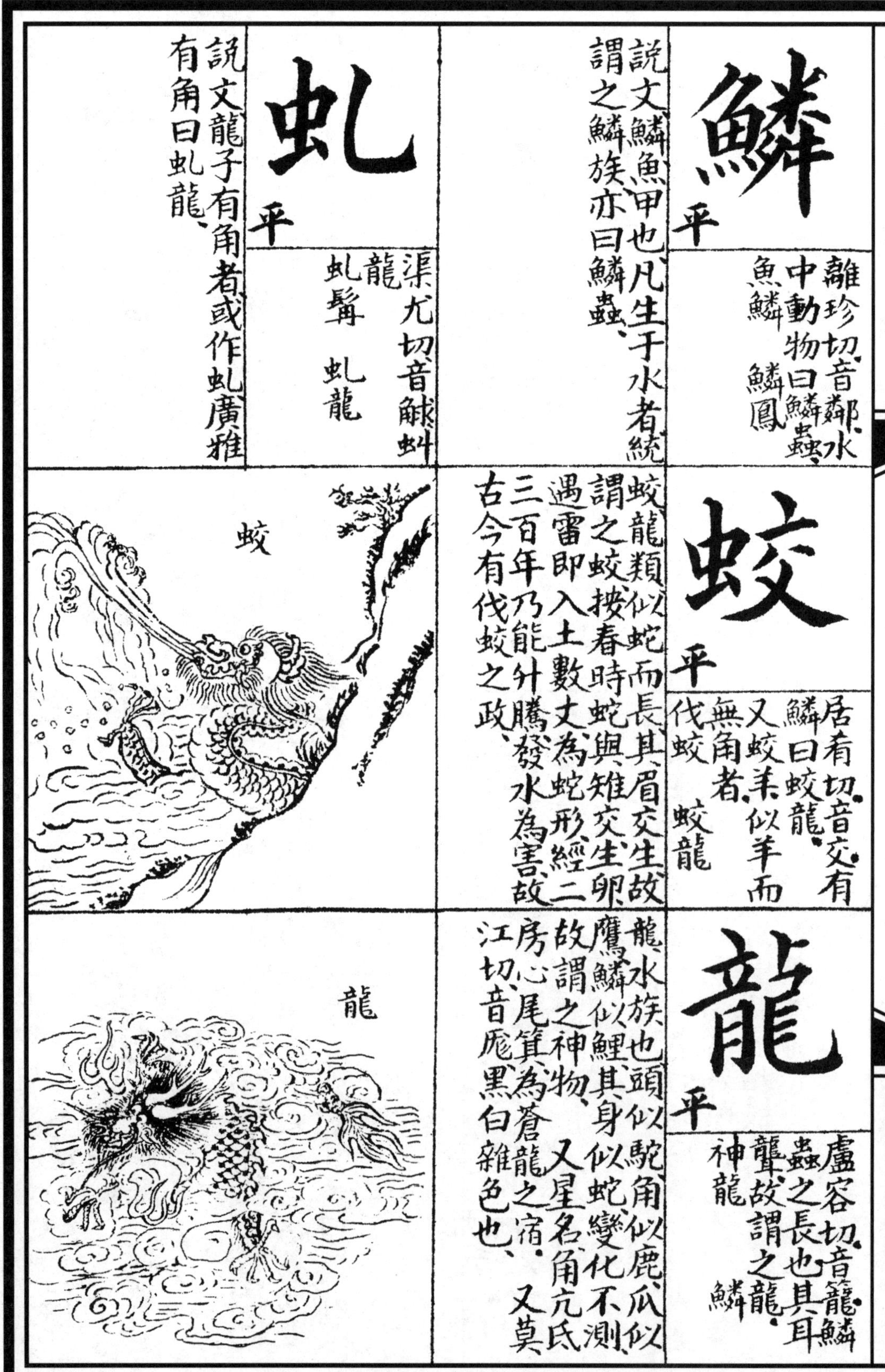

鱗 平

離珍切、音鄰、水中動物曰鱗蟲、

魚鱗　鱗鳳

說文、鱗魚甲也、凡生于水者、統謂之鱗族、亦曰鱗蟲、

虬 平

渠尤切、音觩蚪

龍虬　虬髯　虬龍

說文、龍子有角者、或作虯、廣雅有角曰虬龍、

蛟 平

居肴切、音交、有鱗曰蛟龍、又蛟美似羊而無角者、

伐蛟　蛟龍

蛟龍類似蛇而長、其眉交生、故謂之蛟、按春時蛇與雉交生卵、遇雷即入土數丈為蛇形、經二三百年乃能升騰、發水為害、故古今有伐蛟之政、

蛟

龍 平

盧容切、音籠、鱗蟲之長也、其耳聾、故謂之龍、

神龍　鱗

龍、水族也、頭似駝、角似鹿、爪似鷹、鱗似鯉、其身似蛇、變化不測、故謂之神物、又星名、角亢氐房心尾箕、為蒼龍之宿、又莫江切、音厖、黑白雜色也、

龍

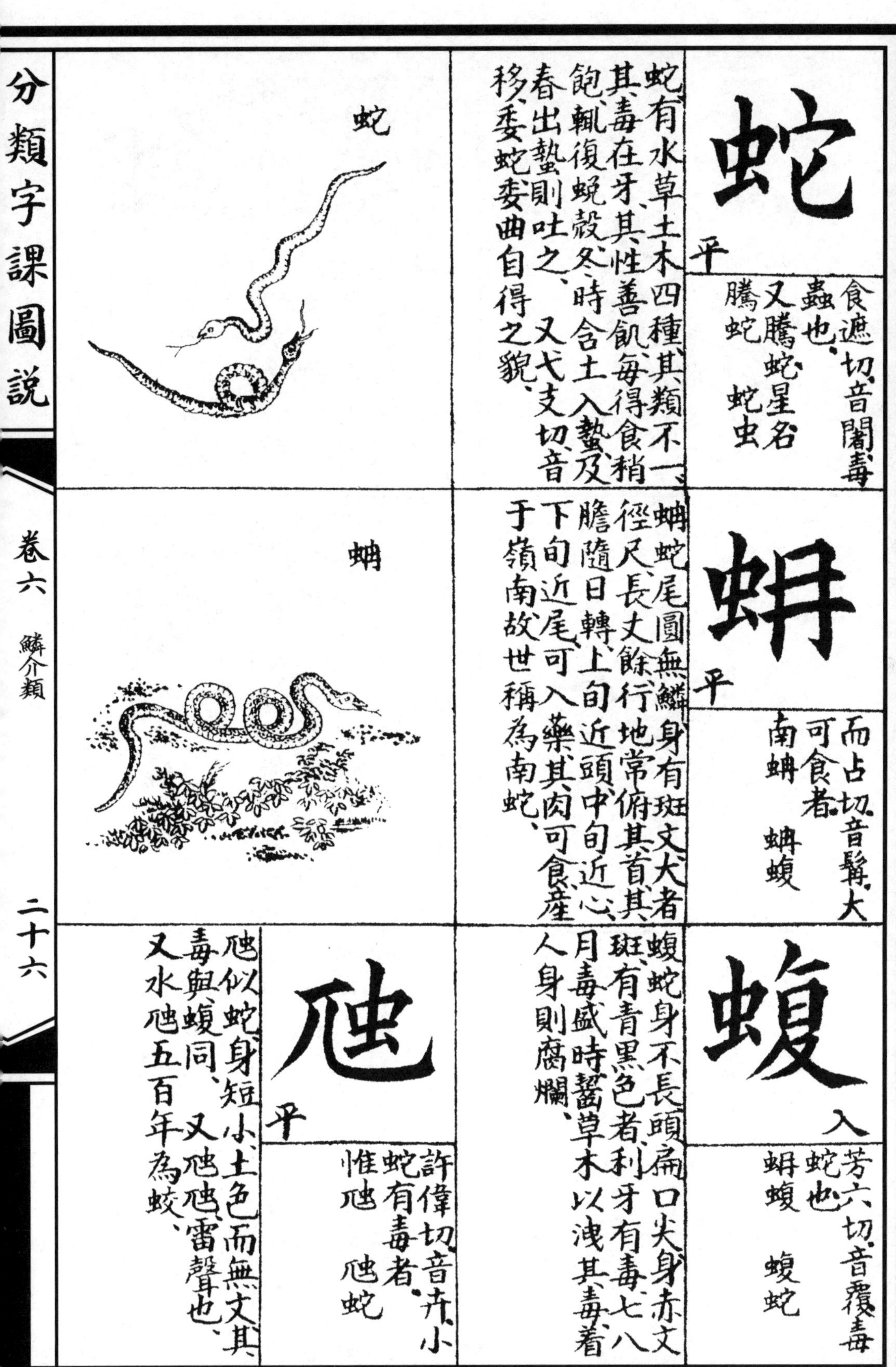

蛇 平

食遮切、音闍、毒蟲也、又騰蛇、星名

騰蛇　蛇虫

蛇、有水草土木四種、其類不一、其毒在牙、其性善飢、每得食稍飽、輒復蛻殼、冬時含土入蟄、及春出蟄則吐之、又弋支切、音移、委蛇、委曲自得之貌、

蚺 平

而占切、音髯、大蛇可食者、

南蚺　蚺蝮

蚺蛇、尾圓無鱗、身有斑文、大者徑尺、長丈餘、行地常俯其首、其膽隨日轉、上旬近頭、中旬近心、下旬近尾、可入藥、其肉可食、產于嶺南、故世稱為南蛇、

蝮 入

芳六切、音覆、毒蛇也、

蚺蝮　蝮蛇

蝮、蛇身不長、頭扁口尖、身赤文斑、有青黑色者、利牙有毒、七八月毒盛時、齧草木以洩其毒、着人身則腐爛、

虺 平

許偉切、音卉、小蛇有毒者、

惟虺　虺蛇

虺、似蛇、身短小、土色而無文、其毒與蝮同、又虺虺、雷聲也、又水虺五百年為蛟、

鯉

上

良以切，音里，魚名。又書札曰雙鯉。

雙鯉　鯉信

鯉鱗有十字文理，故名曰鯉。其脊鱗一道，從頭至尾，無大小，皆三十六鱗，為諸魚之長。形既可愛，又能神變，乃至飛越江湖，故有登龍門之說。

鯉

鱸

平

龍都切，音盧，魚名。

蒓鱸　鱸魚

鱸魚，巨口細鱗，白質黑章，故名曰鱸。形似鱖，長數寸，以七八月出吳江。松江者尤盛，天下之鱸皆二腮，惟松江四腮。

鱸

鯗

上

息亮切，音想，鯗魚。又魚乾也。

鹹鯗　鯗魚

鯗，乾魚腊也。吳王入海，見金色魚，取而食之。及歸，思海中所食魚，所司云暴乾矣，索食之甚美，因書美字于魚上，遂名為鯗。

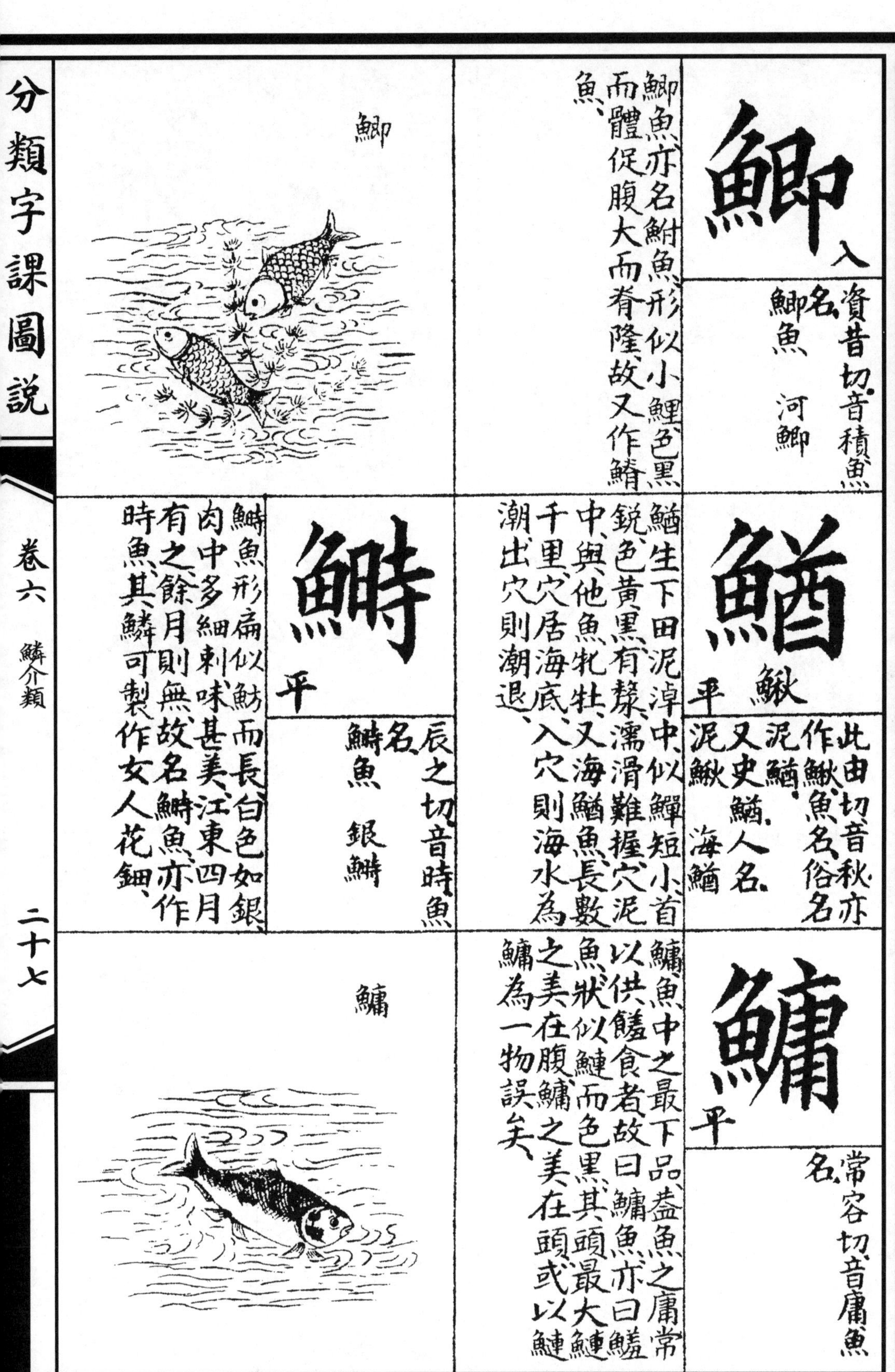

鯽　入

資昔切，音積。魚名。

鯽魚　河鯽

鯽魚，亦名鮒魚，形似小鯉，色黑而體促，腹大而脊隆，故又作鰿魚。

鰌　平　鰍

此由切，音秋。亦作鰍。魚名。俗名泥鰌。又史鰌，人名。

泥鰍　海鰌

鰌生下田泥淖中，似鱓短小，首銳，色黃黑，有漦，濡滑難握，穴泥中，與他魚牝牡。又海鰌魚長數千里，穴居海底，入穴則海水為潮，出穴則潮退。

鰣　平

辰之切，音時。魚名。

鰣魚　銀鰣

鰣魚形扁，似魴而長，白色如銀，肉中多細刺，味甚美。江東四月有之，餘月則無，故名鰣魚。亦作時魚。其鱗可製作女人花鈿。

鱅　平

常容切，音庸。魚名。

鱅魚，中之最下品，蓋魚之庸常以供饈食者，故曰鱅魚，亦曰鱃魚。狀似鰱而色黑，其頭最大。鰱之美在腹，鱅之美在頭。或以鰱鱅為一物，誤矣。

鯿 平

卑連切音鞭魚名

鯿魚 魴鯿

鯿魴魚之屬也江東呼魴魚為鯿形扁鱗細其色青白頭尾短小性宜活水處處有之惟漢中最美常禁人捕以槎斷水因謂之槎頭縮項鯿或作鯾魚

鯿

鱖 去

姑衛切音劌魚名

肥鱖 鱖魚

鱖魚一名罽魚形扁鱗細口大有鬐鬣刺人肉中無細骨身有黑斑彩斑其味如豚故又名水豚

鯨 平

渠京切音擎魚之王也

捕鯨 鯨鯢

鯨本作䲔海中大魚也大者長千里小者長數丈其雌曰鯢又有獸名蒲牢素畏鯨魚鯨魚擊蒲牢蒲牢輒大鳴故凡造鐘者作蒲牢于上撞鐘者名鯨魚

鯊 平

師加切音沙與魦同魚名

海鯊 鯊皮

海鯊青目赤頰背上有鬣腹下有翅其皮如沙故名今市中所售魚翅魚皮即此魚也又一種吹沙小魚亦名鯊魚黃皮黑斑身前濶而扁後方而狹者是也

鯊

鰱

平

陵延切，音連。魚名。

鰱魚　鰱鱮

鰱魚，本名鱮魚，徐州人謂之鰱。狀似鱅而頭小，形扁細鱗，腹肥色白，性好羣行，相與也，故曰鱮；相連也，故曰鰱。

鱓

上

上演切，音善。亦作鱔，魚名。又唐何切，音駝。與鼉同。魚名，皮可冒鼓。

鱔　黃鱓

鱓魚生水岸泥窟中，似蛇無鱗，有青黃二色，體多涎沫，大者長二三尺，夏出冬蟄。又有蛇鱓，有毒害人。

鰻

平

謨官切，音瞞，亦作⿰魚㒼。

雄鰻　鰻鱺

鰻鱺，似鱓而腹大，亦名白鱓。此魚有雄無雌，以其影漫于鱧魚，則其子皆附于鱧鬐而生，故曰鰻鱺。

魚

平

牛居切，音御平聲。鱗族之總名也。

鮮魚　魚龍

說文作𩵋，水蟲也。有鱗，無足，亦有無鱗者。魚行水中而不見水，猶人在氣中而不見氣也。又蠹魚，亦名衣魚，生久藏衣帛及書紙中。

鮒

去

符遇切，音附。魚名。

涸鮒　鮒鯽

鮒，鯽魚也。此魚好旅行，吹沫如星，以相即，謂之鯽；以相附，謂之鮒。士昏禮，魚用鮒，義取夫婦相依附也。

鱷 入

逆各切，音咢。本作蝁，亦作鰐。魚名。

鱷魚

鱷魚之狀，龍吻虎爪，蟹目鼉鱗，尾長數尺，末大如箕，多于水濱潛伏，人畜近之，以尾擊取而食，葢猶象之任鼻也。

龜 平

居為切，音騩。甲蟲之長也。古者以龜為卜，故又為四靈之一。

元龜　龜板

龜形橢圓，蛇頭龍頸，外骨內肉，腸屬于首，其息以耳，雌雄尾交，亦與蛇匹，或云大腰無雄者謬也。春夏出蟄，脫甲，秋冬藏穴導引，故靈而多壽。

鼈 入

必列切，音鷩。甲蟲也。

魚鼈　鼈甲

鼈，龜屬也，形圓脊穹，四周有帬，水居陸生，純雌無雄，以蛇及黿為匹，鼈行蹩躠，故名曰鼈，俗謂之甲魚。

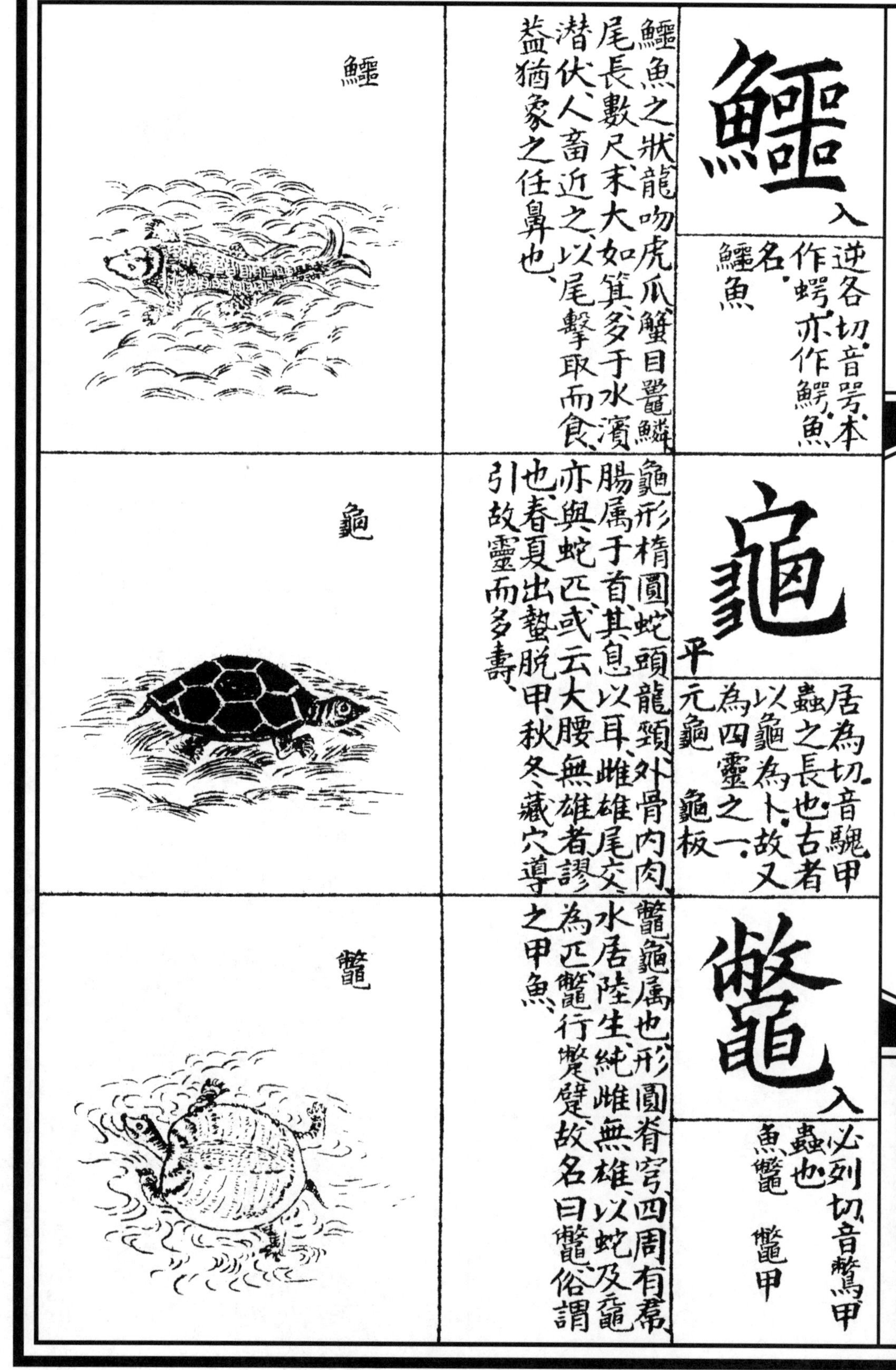

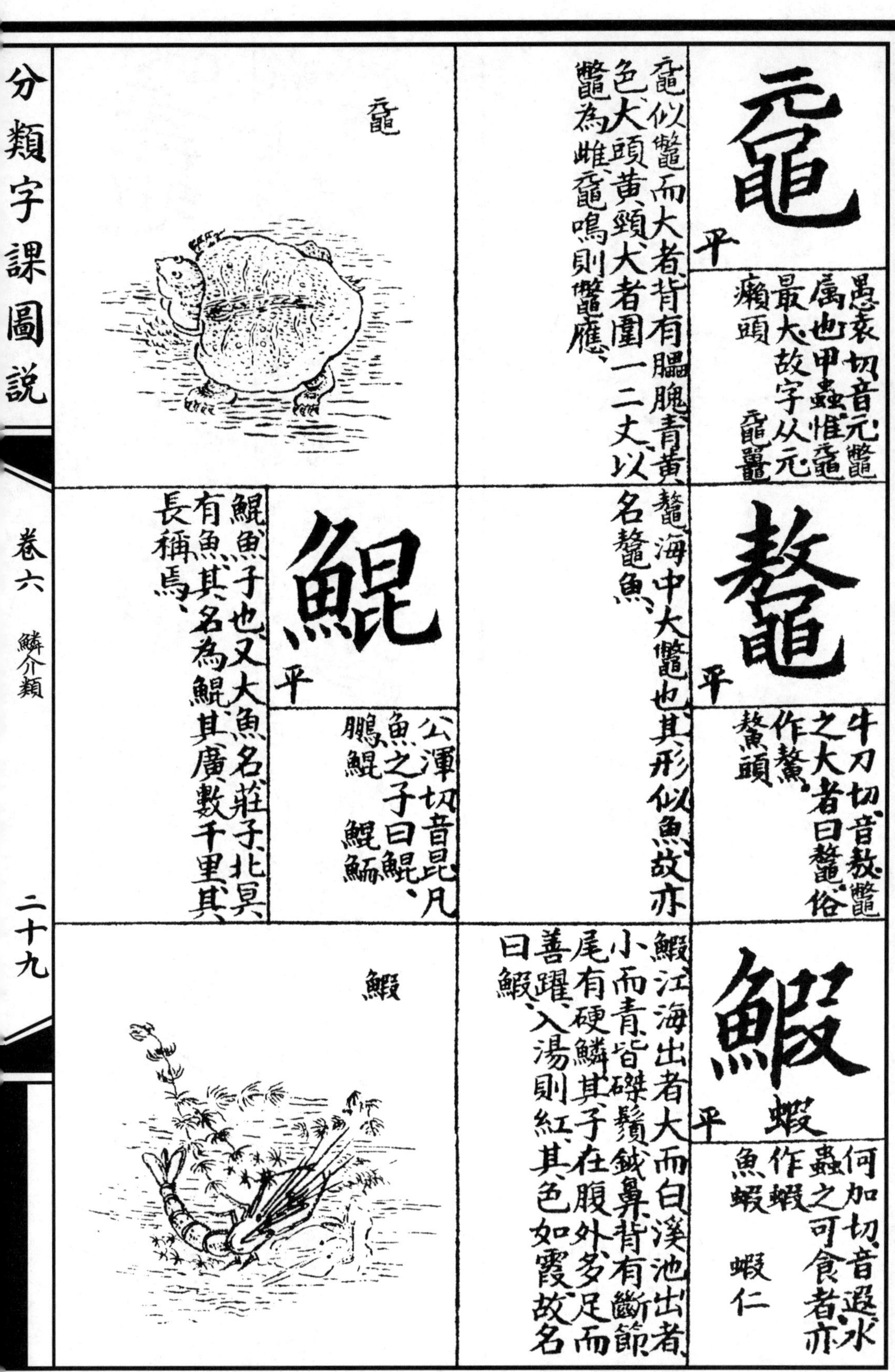

黿 平

愚袁切、音元、鱉屬也、甲蟲惟黿最大、故字从元、黿鼉　癩頭

黿似鱉而大者、背有腽肭、青黄色、大頭黄頸、大者圍一二丈、以鱉為雌、黿鳴則鱉應、

鼇 平

牛刀切、音敖、鱉之大者曰鼇、俗作鰲、鰲頭

鼇、海中大鱉也、其形似魚、故亦名鼇魚、

鯤 平

公渾切、音昆、凡魚之子曰鯤、鯤鮞　鵬鯤

鯤、魚子也、又大魚名、莊子、北冥有魚、其名為鯤、其廣數千里、其長稱焉、

鰕 平 蝦

何加切、音遐、水蟲之可食者、亦作蝦、魚蝦　蝦仁

鰕、江海出者大而白、溪池出者小而青、皆磔鬚鉞鼻、背有斷節、尾有硬鱗、其子在腹外、多足而善躍、入湯則紅、其色如霞、故名曰鰕、

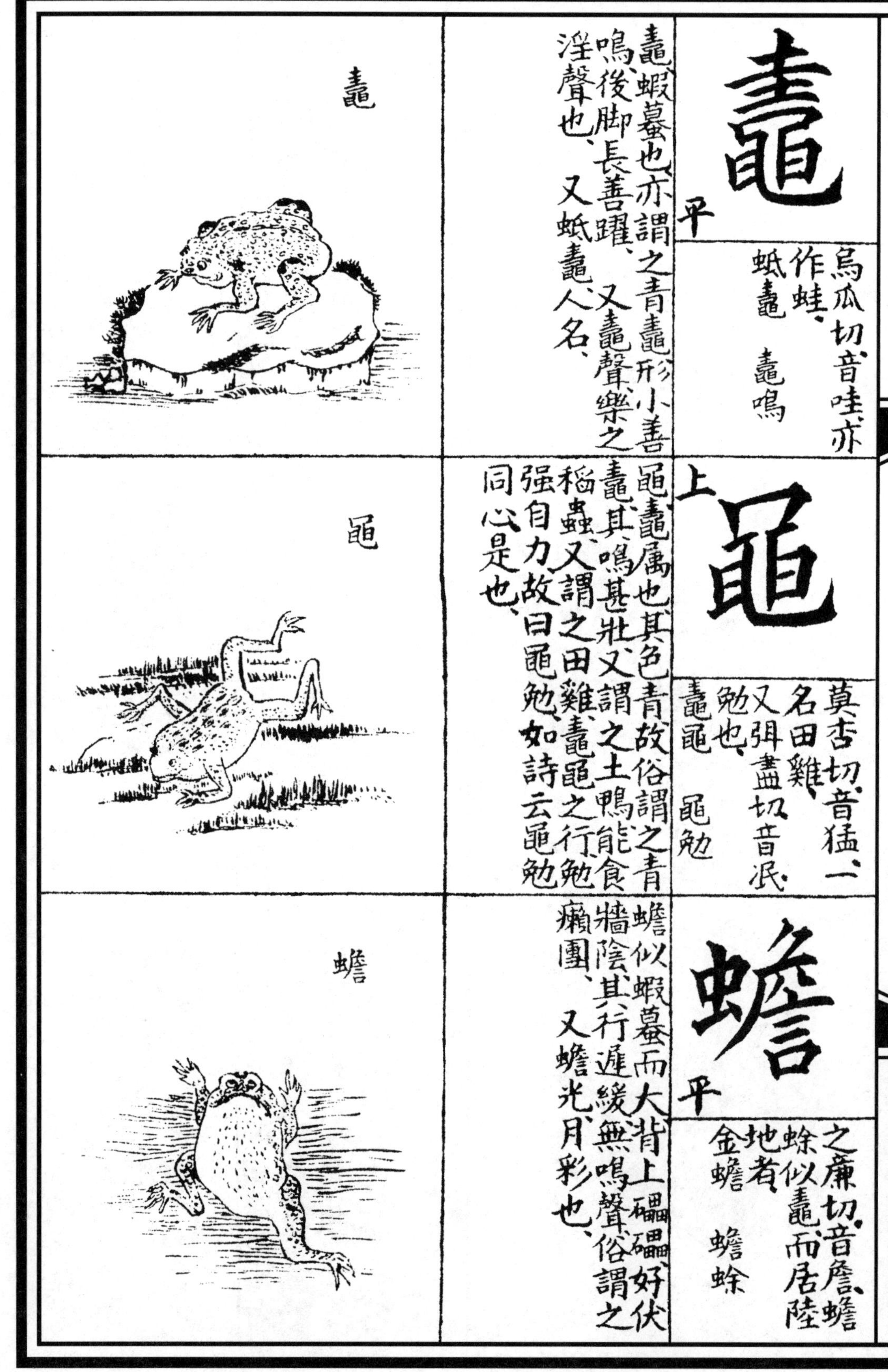

鼃 平

烏瓜切音哇亦作蛙

蚔鼃　鼃鳴

鼃蝦蟇也亦謂之青鼃形小善鳴後脚長善躍又鼃聲樂之淫聲也又蚔鼃人名

鼃

黽 上

莫杏切音猛一名田雞又弭盡切音泯勉也

鼃黽　黽勉

黽鼃黽屬也其色青故俗謂之青鼃其鳴甚壯又謂之土鴨能食稻蟲又謂之田雞鼃黽之行勉强自力故曰黽勉如詩云黽勉同心是也

黽

蟾 平

之廉切音詹蟾蜍似鼃而居陸地者

金蟾　蟾蜍

蟾似蝦蟇而大背上礧礧好伏牆陰其行遲緩無鳴聲俗謂之癩團又蟾光月彩也

蟾

蜃 上

時珍切，音辰。大蛤曰蜃。月令：雉入大水為蜃。

蛟蜃　蜃樓

蜃，一名車螯，生海中，即大蛤也。又蛟蜃，狀似蛇而大，有角如龍狀，能吁氣成樓臺城郭之影，名曰蜃樓，亦曰海市。

蚌 上

步項切，音棒。亦作蜯。蜃屬，似蛤而長者。

鷸蚌　蚌珠

蚌，介屬之兩殼相合者。或曰：雀入大水為蜃，蜃即蚌也。其體隨月盈虧，中有含漿，能孕珠，江湖中皆有之。

蛤 入

葛合切，音鴿。似蚌而圓者。月令：雀入大水為蛤。

青蛤　蛤介

蛤，蚌屬。蛤蚌同類而異形，長者通曰蚌，圓者通曰蛤。故蚌从丰，蛤从合，皆象形也。

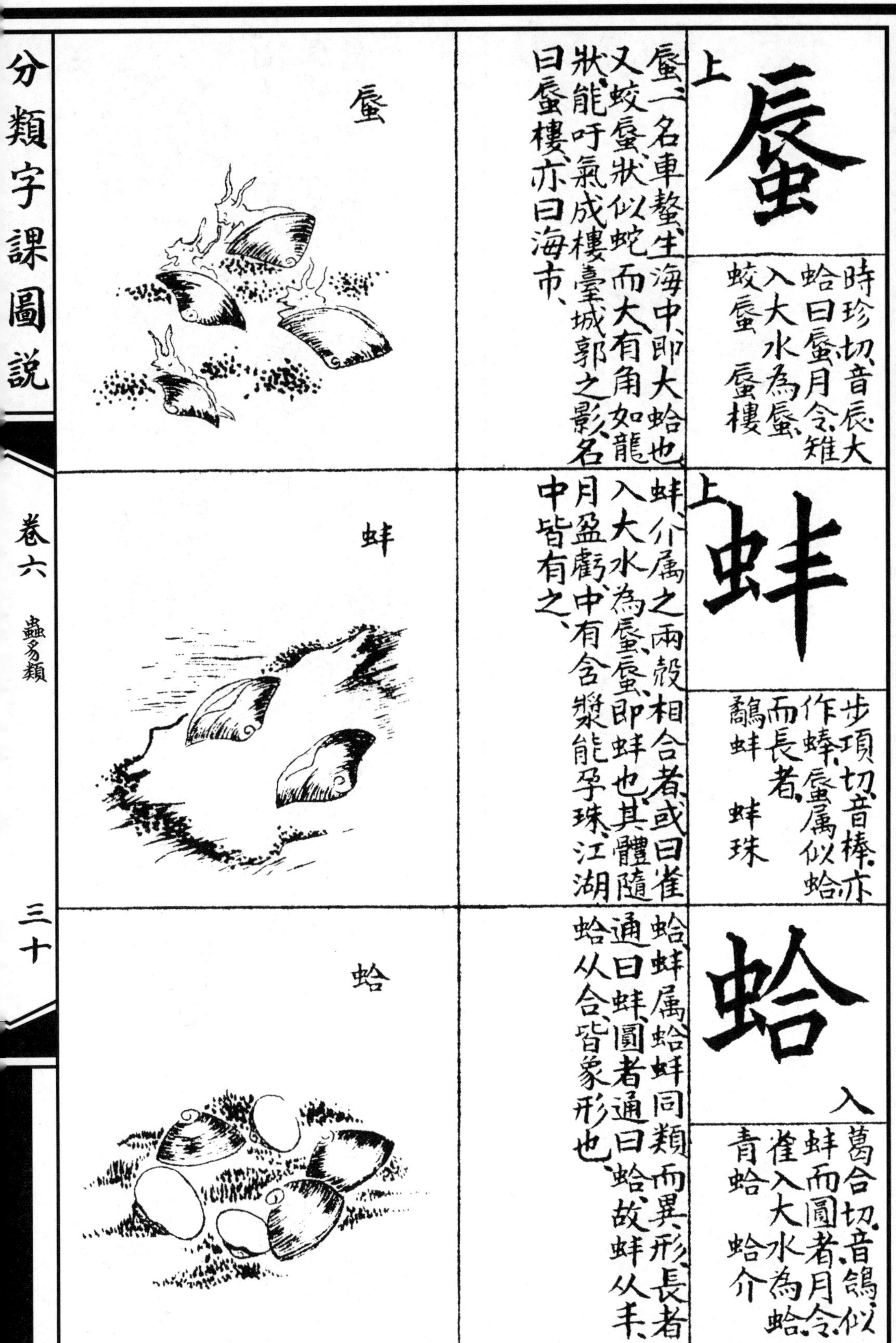

蠣 去

力制切，音例，亦作蠇，蚌屬也

牡蠣　蠣黃

牡蠣海產也，亦名蠣黃，蛤蚌之屬，皆有胎生卵生，惟蠣是鹹水結成，純雄無雌，故名曰牡。

蠣

蝸 平

古華切，音瓜，蝸螺也

蝸牛　蝸螺

蝸牛，陵螺也，殼如小螺，生牆陰及水濕處，頭形似蛞蝓，但背負殼宛轉有文，野人結圓舍如蝸牛之殼，故曰蝸舍。

蝸

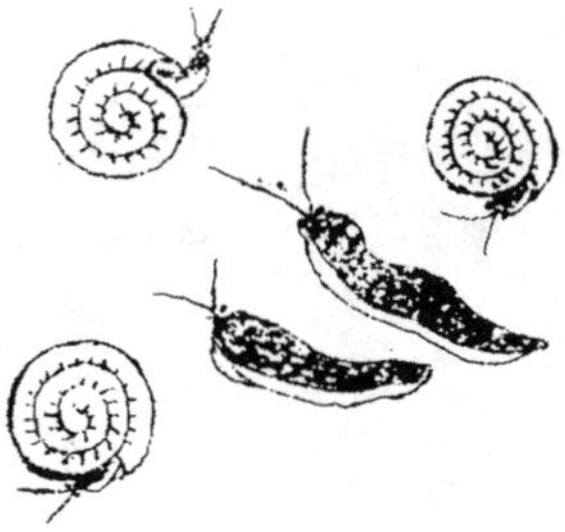

蟶 平

丑貞切，音頳，海中小蚌也

美人蟶　蟶干

蟶生海泥中，大如指，兩頭開，與江湖中馬刀蜮蜆相似，其類甚多，閩越人以田種之，候潮泥壅沃，謂之蟶田，呼其肉為蟶腸。

蟶

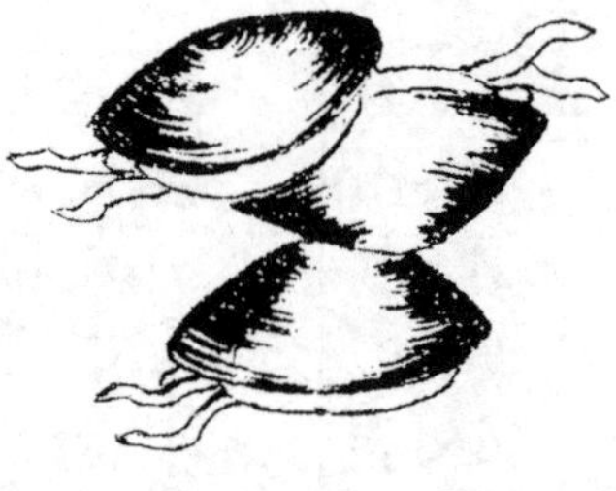

上 **蟹**

下買切、音獬、介屬之一、螯八足者、亦作蠏、

河蟹　蟹漿

蟹、水蟲也、故字从虫、亦魚屬也、故古从魚、以其横行、故謂之螃蟹、以其外骨、故曰介士、以其中空、故曰無腸、

平 **蚶**

呼甘切、音憨、蛤屬、俗呼蚶子、

麻蚶　蚶子

蚶、又名魁陸、狀如海蛤、圓而厚、背縱横有理、似瓦壟文、又沽三切、音甘、螺之小者、

去 **蜆**

呼典切、音顯、介作蝛、小蛤也、又胡典切、音峴、蟲名、縊女也、

黄蜆　蜆肉

蜆、蛤屬、小如蚌、黑色、能候風雨、以殼飛、溪湖中多有之、又名扁螺、

平 **螄**

霜夷切、音師、螺螄、蚌屬、

螺螄　海螄

螺螄、形似蝸牛、其類衆多、故名、生水田中、而圓大者曰田螺、生湖濱水岸者、尖長色青、曰螺螄、又有一種、尖長而細小者、曰海螄、

上 **蛇**

除駕切、音秺、海蛇也、又陟駕切、音咤、義同、

海蛇　蛇皮

海蛇、水母也、形如覆笠、泛泛常浮水面、無眼目腹胃、以蝦爲目、蝦動蛇行、故曰水母目蝦、

蟲 平

持中切，音种，動物之總名，有足曰蟲，無足曰豸。

介虫　虫豸

說文：从三虫，象形。凡蟲之屬皆从蟲。有羽蟲、毛蟲、甲蟲、鱗蟲、倮蟲五種。又雉曰華蟲。又直衆切，音仲，與蚛同，蟲食物也。

蝠 入

方六切，音福。

蝠詳蝙字註。又與蝮通，蝠蛇即蝎蝠也。

蜣 平

驅羊切，音羌。蜣蜋，啖糞蟲也。

蛣蜣　蜣螂

蜣蜋，一名蛣蜣，黑甲，翅在甲下，啖糞土，喜取糞作丸而轉之，丸成，有蝡白者存丸中，俄去殼成蟬。

蝙 平

卑眠切，音邊。蝙蝠。

鼠蝙　蝙蝠

蝙蝠，一名伏翼，以其晝伏有翼也。爾雅作服翼。齊人呼為仙鼠。其形似鼠，灰黑色，有薄肉翅連合四足及尾如一，晝伏夜飛，食蚊蚋及果實。

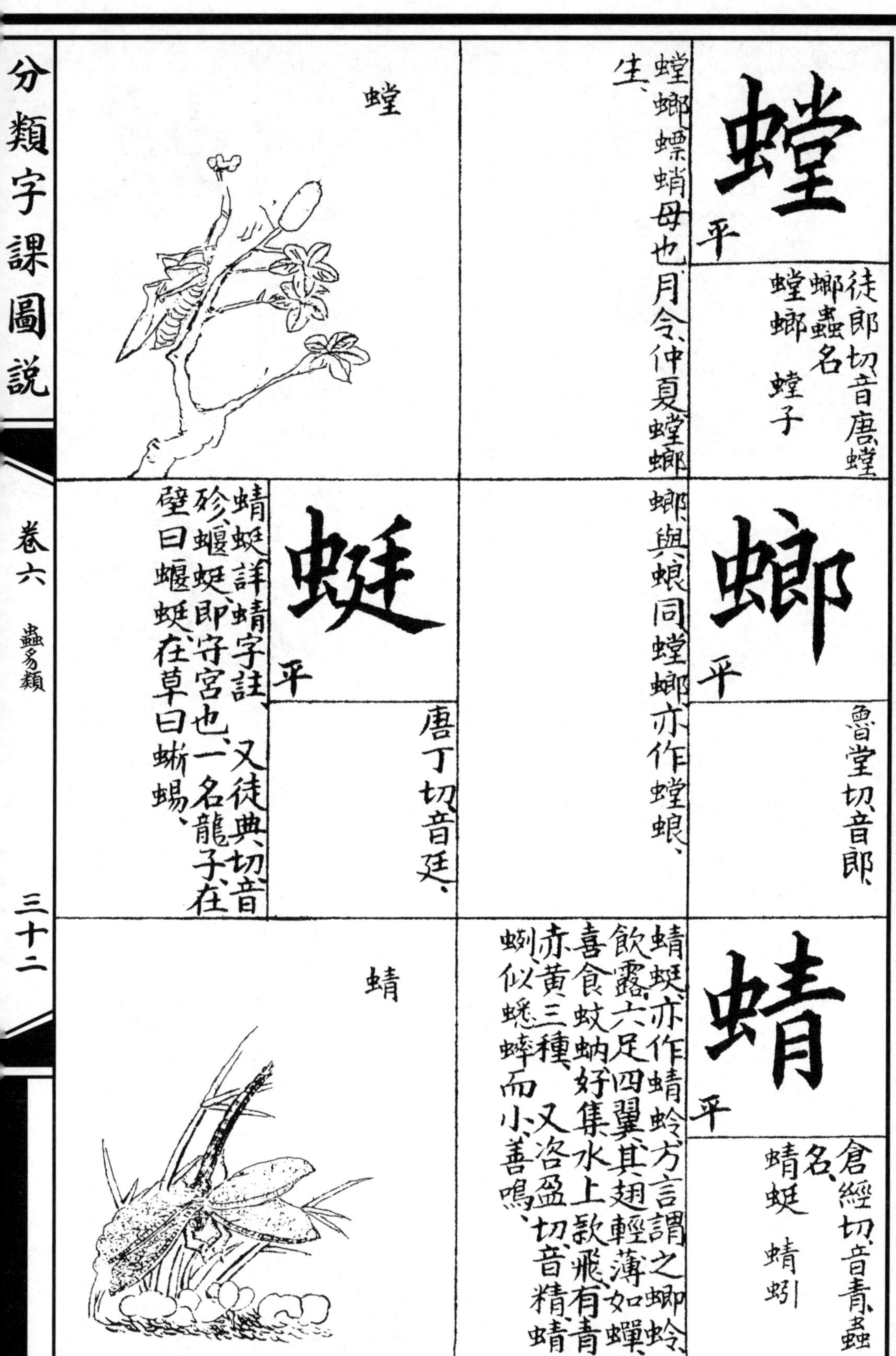

螳 平

徒郎切音唐。螳螂蟲名。螳螂　螳子

螳螂螵蛸母也。月令、仲夏螳螂生。

螂 平

魯堂切音郎。

螂與蜋同。螳螂亦作螳蜋。

蜻 平

倉經切音青。蟲名。蜻蜓　蜻蛚

蜻蜓、亦作蜻蛉。方言謂之蝍蛉。飲露、六足四翼。其翅輕薄如蟬。喜食蚊蚋、好集水上款飛。有青亦黃三種。又洛盈切音精。蜻蛚、似蟋蟀而小、善鳴。

蜓 平

唐丁切音廷。

蜻蜓詳蜻字註。又徒典切音殄。蝘蜓、即守宮也。一名龍子。在壁曰蝘蜓、在草曰蜥蜴。

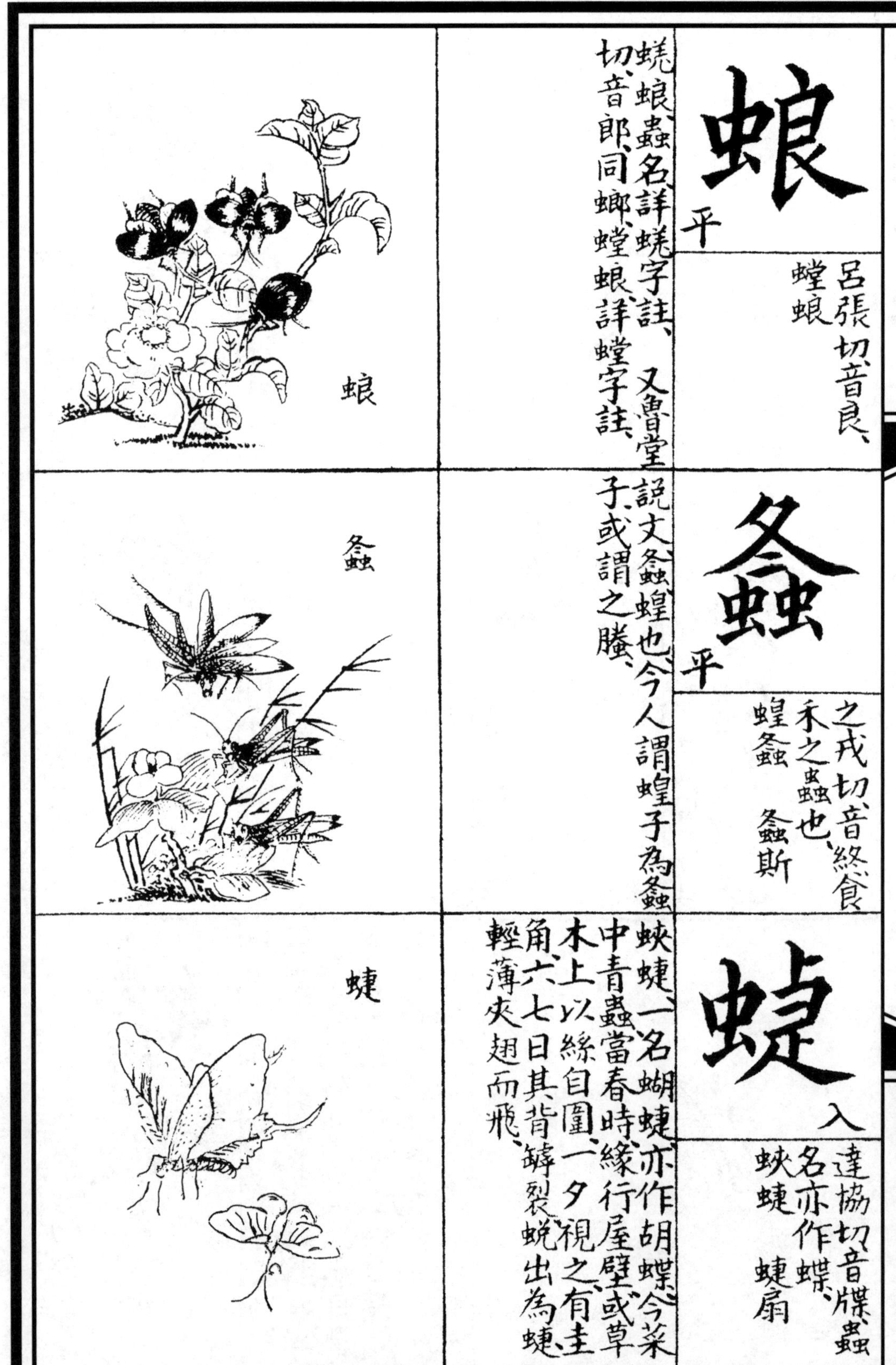

蜋 平

呂張切、音良、螳蜋

蟯蜋蟲名、詳蟯字註、又魯當切、音郎、同螂、螳蜋詳螳字註、

螽 平

之戎切、音終、食禾之蟲也、螽斯 蝗螽

説文螽蝗也、今人謂蝗子為螽子、或謂之螣、

蜨 入

達協切、音牒、蟲名、亦作蝶、蜨扇 蛺蜨

蛺蜨、一名蝴蜨、亦作胡蝶、今菜中青蟲、當春時、緣行屋壁、或草木上、以絲自圍、一夕視之、有圭角、六七日、其背罅裂、蛻出為蜨、輕薄夾翅而飛、

蛺

入

吉協切，音頰。

說文：蛺，蝶也。其形夾，故从夾从虫。

蟬

平

時連切，音禪。寒蟬 蟬鳴

蜩也。俗名知了，亦謂之蜩，旁鳴之蟲也。

蝗

平

胡光切，音黃。害苗之蟲也。飛蝗 蝗虫

說文：蝗，螽也。食苗為災。今俗呼為簸鍾。其首腹背皆有王字，故名曰蝗。又户盲切，音横。蝗，俗名横蟲。

蠡

上

里弟切，音禮。蟊木虫也。追蠡 蠡測

蠡，食木虫也。引申為追蠡之蠡。又訓𧐐題切，音黎，蚌屬。史記以蠡測海是。

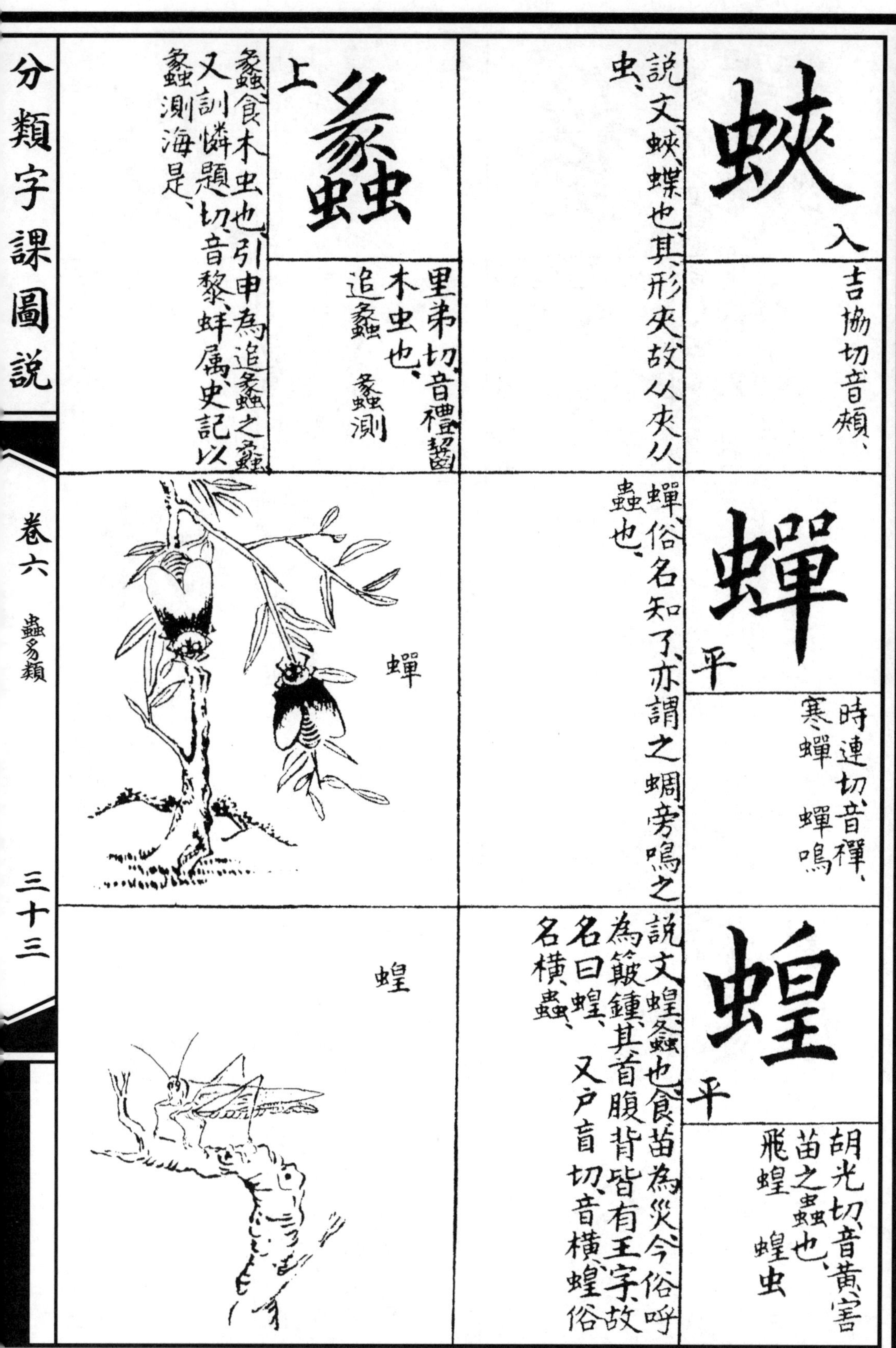

蛩 平

渠容切，音邛，獸名。

蛩蛩　吟蛩

爾雅，北海有素獸，狀如馬，名曰蛩蛩。通作蛬，蟋蟀也。假借為螽，蝗也。又重言蛩蛩，乃憂貌。

蝣 平

余遊切，音遊，蜉蝣也。

蜉蝣　蝣蚍

蝣即蜉蝣也，雄者曰蜉，雌者曰蝣。

蠭 平

敷容切，音丰，蟲名。

蜜蜂　蜂腰

蠭飛蟲螫人者，省作蜂，其毒在尾，垂穎如鋒，故謂之蜂。種類至多，在地中作房者為土蜂，又名馬蜂；在樹上作房者為木蜂，其黃色細腰者為蜜蜂。

蝥 平

莫浮切，音謀，本作蟊。

螌蝥　蝥弧

蝥，食穀之蟲也，食根曰蝥，食節曰賊。又蝥弧，旗名。又亡遇切，音務，蟊名。又謨交切，音茅，螌蟊，毒蟲也。

蝣

蠭

蜢 上

母梗切，音猛。草上蟲也，或作蟒。
蚱蜢

蚱蜢，蝗類，似螽而小，一名蛗螽，生草上，亦食禾苗。古借為船名，取譬其小也。別作舴艋，非。

螣 入 平

徒得切，音特。
螟螣　螣蛇

螣，蝗也，食禾葉曰螣。又徒登切，音騰。螣蛇，神蛇也，狀似龍，能興雲霧而遊其中。

蜜 入

覓畢切，音謐。蠭甘飴也。
香蜜　蜜蠟

蜜蜂，一名稺蜂，人收而養之。一日兩出而聚，鳴號為兩衙。其出採花者，取花鬚上粉，置兩髀，或採而無所得，經宿不敢歸房中。

螟 上

忙經切，音冥。螟，螣害苗之蟲。
螟螣　螟蛉

螟，食苗心蟲也，似虸蚄而頭不赤。詩云：去其螟螣，及其蟊賊。言其姦冥冥難知也。又螟蛉，桑蟲也，其色青而細小。

蛹 上

尹竦切，音勇。蠶蛹也。
蠶蛹　蛹蛾

蛹，繭蟲也。蠶作繭，化為蛹，蛹化為蛾。又土蛹，蠁蟲也。

蜜

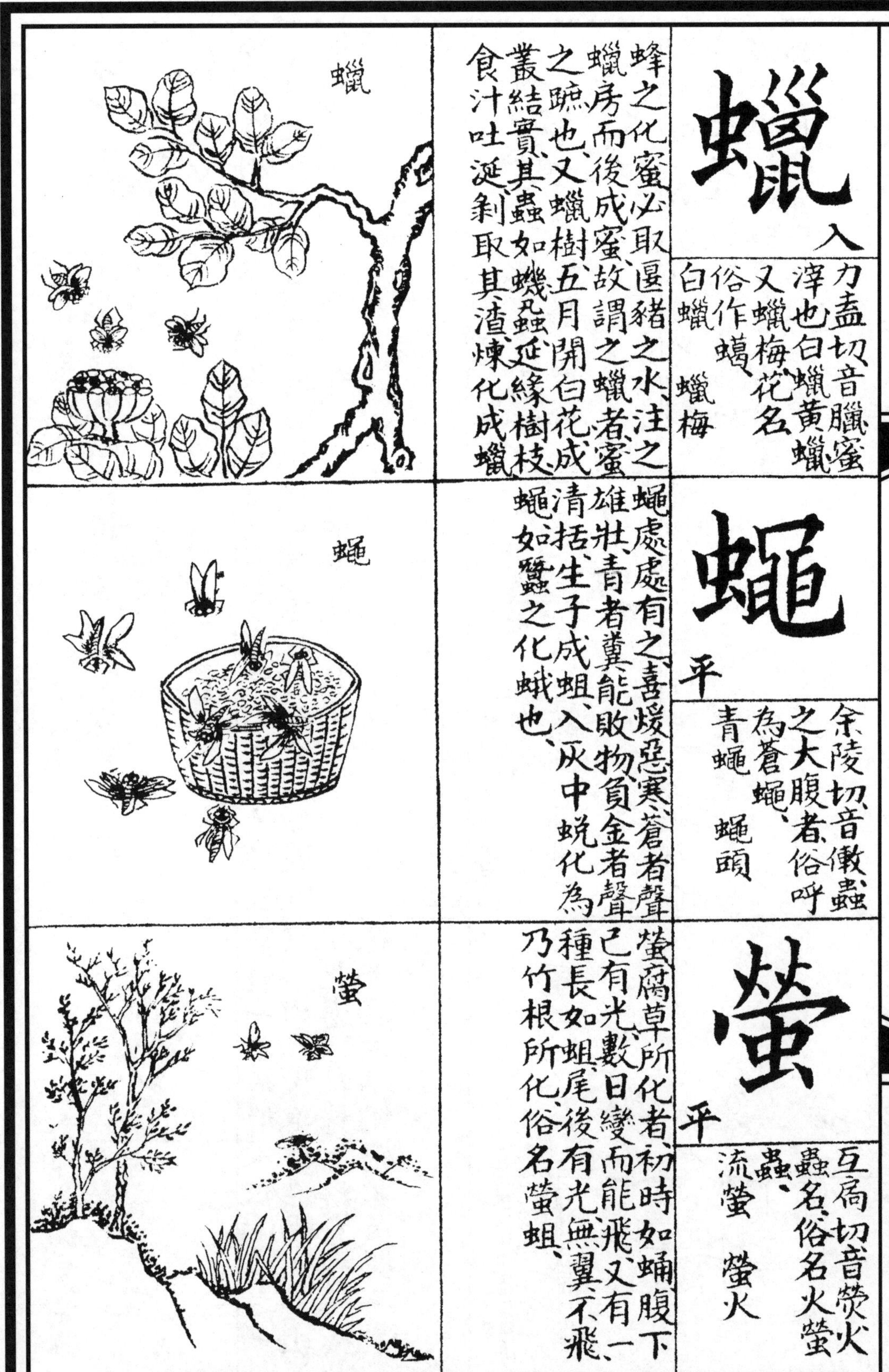

蠟 入

力盍切音臘蜜滓也白蠟黃蠟又蠟梅、花名俗作蝋、

白蠟　蠟梅

蜂之化蜜必取匽豬之水、注之蠟房而後成蜜故謂之蠟者、蜜之蹠也、又蠟樹五月開白花成叢結實、其蟲如蟣蝨延緣樹枝食汁吐涎剝取其渣煉化成蠟

蠅 平

余陵切、音儌、蟲之大腹者、俗呼為蒼蠅、

青蠅　蠅頭

蠅處處有之、喜煖惡寒、蒼者聲雄壯、青者糞能敗物、負金者聲清括、生子成蛆、入灰中蛻化為蠅、如蠶之化蛾也、

螢 平

互扃切、音熒、火蟲名、俗名火螢蟲、

流螢　螢火

螢腐草所化者、初時如蛹、腹下已有光、數日變而能飛、又有一種長如蛆、尾後有光、無翼不飛、乃竹根所化、俗名螢蛆、

蛾 上 平

牛何切，音莪，蠶蛾也，飛蛾，蛾子

蛾似黃蝶而小，其眉鈎曲如畫，即蠶蛹所變者也，又飛蛾善撲燈，為野蛹所化。又魚倚切，音蟻，上聲，與蟻同。

蜈 平

五乎切，音吾，蜈蚣也，蜈蚣

蜈蚣，西南處處有之，春出冬蟄，背光黑，赤足，節節對生，双鬚岐尾，性畏蜘蛛，以溺射之即斷爛。

蚣 平

沽紅切，音公，蜈蚣，詳蜈字註，思融切，音嵩，蚣蝑，亦作蜙蝑

蚣蝑，蝗類，俗名紡織娘，長而青色，長角長股，以股鳴者也。或曰似蝗而小，斑黑，其股狀如玳瑁，五月中以兩股相切作聲者是也。

蜉 平

房鳩切音浮蕢中蝎蟲曰蜉蝣

蜉蝣

蜉蝣似蛣蜣身狹而長有角黃黑色聚生糞土中朝生暮死豬好啖之又蚍蜉大蟻也

蟁 蚊 平

無分切音文囓人飛蟲也夏月有之古作蟁

飛蚊　蚊蚋

蚊者惡水中孑孓所化及濕地水氣所生噬人肌膚入夜羣飛其聲如雷又嶺南有蚊子樹實似枇杷熟則蚊出塞北有蚊母草葉中有血蟲化而為蚊

繭 上

吉典切音趼蠶之吐絲曰繭

蠶繭　繭衣

繭蠶衣也蠶老則吐絲而作繭收繭之時宜剝去其外面蒙戎之衣免致蒸壞或以鹽藏之

蝤 平

慈秋切音遒蝤蠐也又夷周切音由蜉蝣亦作蜉蝤

蜉蝤

蝤木中蟲也亦有在糞聚中者其在木中者潔白而長故詩中以比婦人之頸如詩云領如蝤蠐是也

蠶 平

徂含切，音蹭。吐絲作繭者曰蠶。

春蠶　蠶絲

蠶，絲蟲也，食桑葉，三眠三起，二十七日則吐絲作繭，有黃白二色。養蠶之家，惟江浙為最多。又再蠶一名原蠶，以晚葉飼之。

蚓 平

以忍切，音引。蚯蚓，俗呼為曲蟺。

蚯蚓　蚓吟

蚯蚓，一名土龍，其行也，引而後伸，其壤如丘，故名蚯蚓。長居土中，與螽交，其鳴長吟，故又名歌女。

蠆 去

丑邁切，音慸。螫蟲也。

蜂蠆　蠆尾

蠆似蠍，尾末上卷，有芒如蠭螫人，最毒。古云蠭蠆有毒是也。

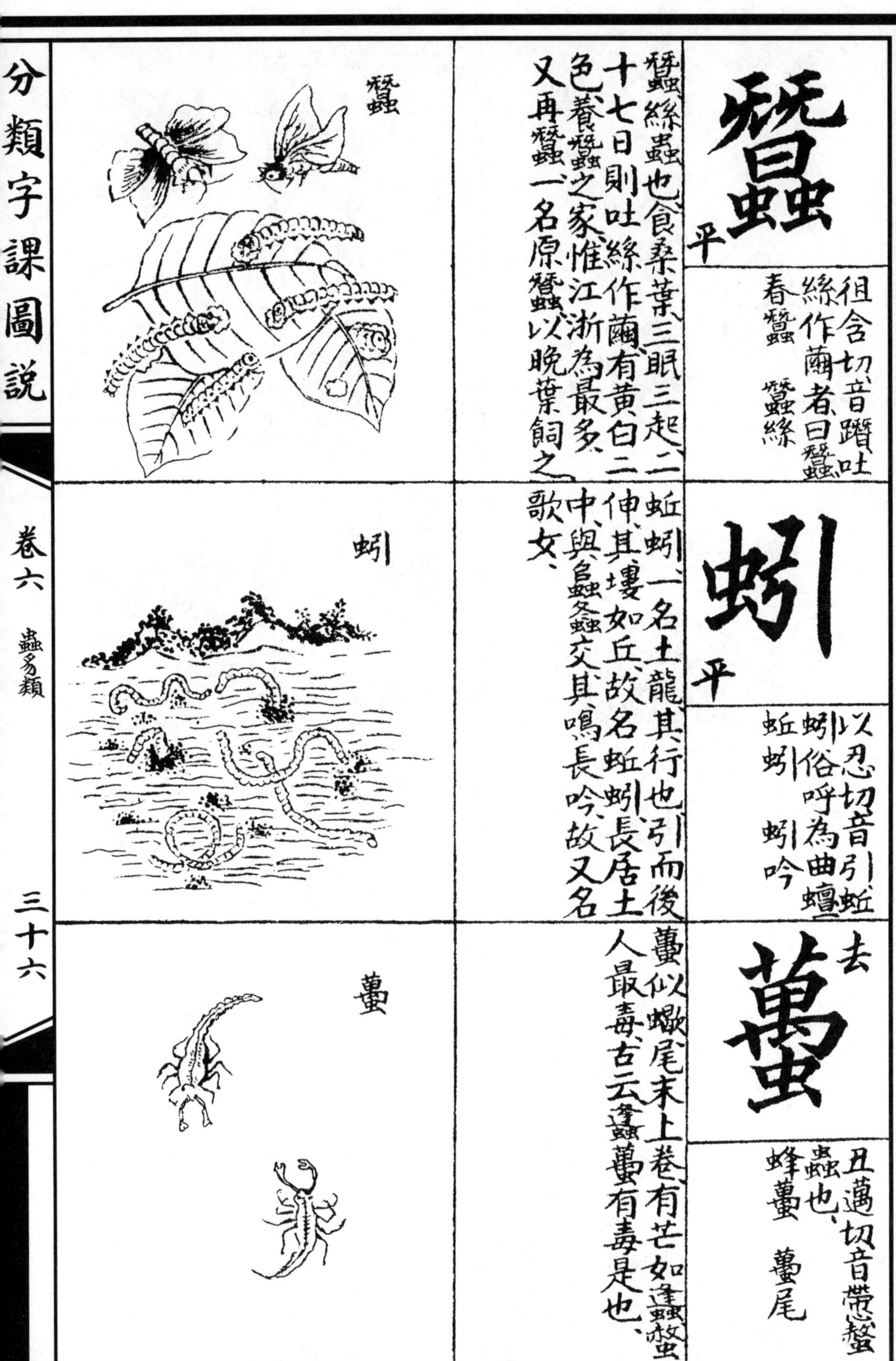

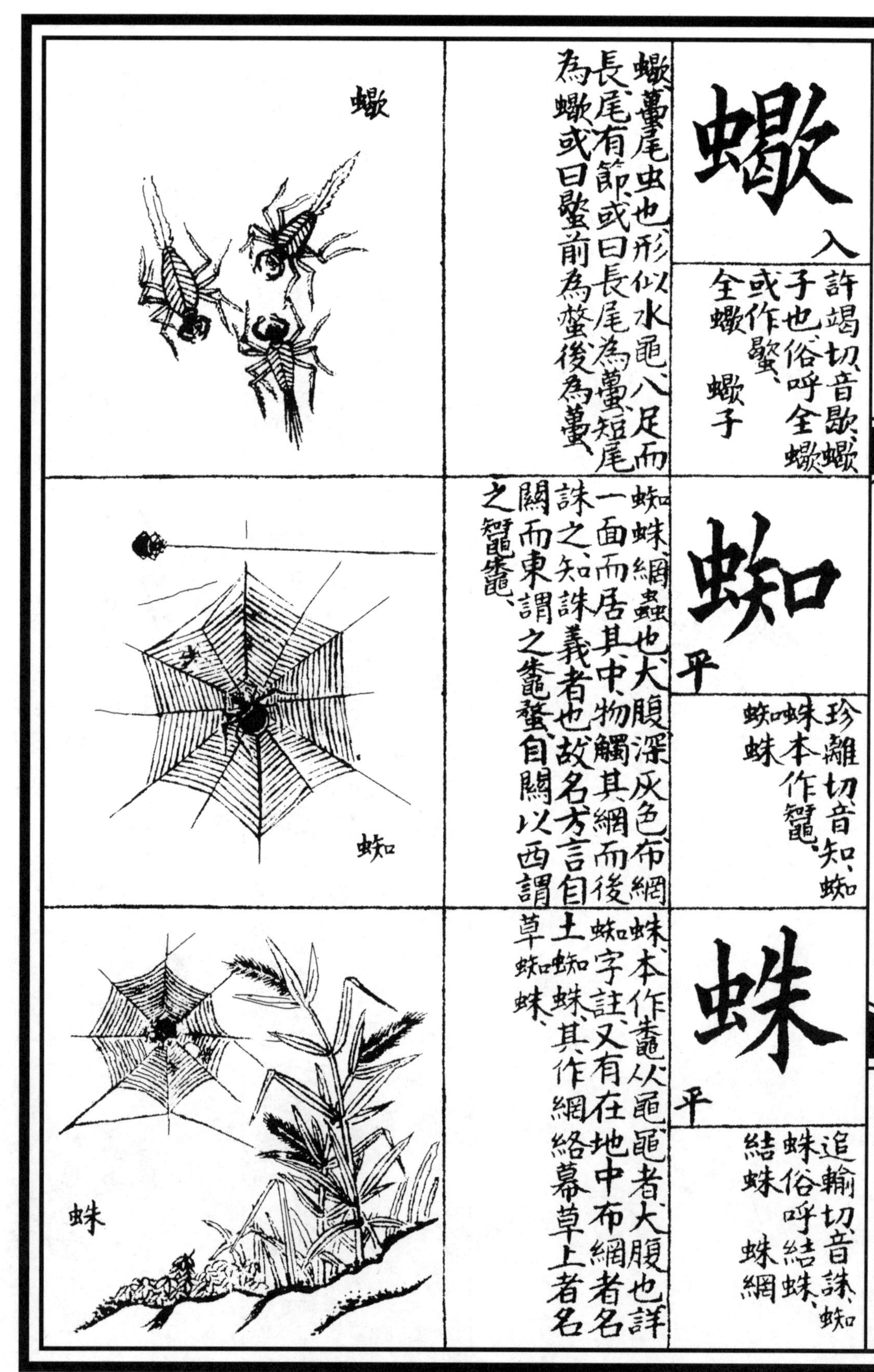

蠍 入

許竭切，音歇、蠍子也、俗呼全蠍、或作蝎、

全蠍　蠍子

蠍、蠆尾虫也、形似水黽、八足而長尾有節、或曰長尾為蠆、短尾為蠍、或曰蝎前為螯後為蠆、

蜘 平

珍離切，音知、蜘蛛本作鼅、

蜘蛛

蜘蛛、網蟲也、大腹深灰色、布網一面而居其中、物觸其網而後誅之、知誅義者也、故名方言自關而東謂之鼄蝥、自關以西謂之鼅鼄、

蛛 平

追輸切，音誅、蜘蛛俗呼結蛛、

結蛛　蛛網

蛛、本作鼄、从黽、黽者大腹也、詳蜘字註、又有在地中布網者名土蜘蛛、其作網絡幕草上者名草蜘蛛、

螺 平

古火切，音果。螺蠃，即細腰蜂。

螺蠃

螺蠃似蜂而細腰，取桑蟲負之于空木中，祝之曰：類我類我，七日而化為己子。

蠹 去

都故切，音妒。蠹蟲，俗名蛀蟲。別作螙、蠧非。

書蠹　蠹役

蠹，古作螙。說文：木中蟲也。蟲在木中謂之蠹。凡損人衣物者皆謂之蠹。生于久藏衣帛中及書紙中者，形似魚，其尾分二岐，名曰蠹魚，又名蟫。

蛀 去

朱戍切，音注。蛀蟲，即蠹蟲也。

木蛀　蛀虫

蛀，木蠹蟲也，亦名蛀蟲。凡蠹物之蟲，皆謂之蛀。物被蟲蠹者，亦謂之蛀。

蠱 上

果五切，音古，害人之蟲曰蠱。巫蠱 蠱毒

蠱腹中蟲也。造蠱之法，以百蟲置皿中，俾相啖食，其存者為蠱。其毒不一，多因飲食行之，為害于人。又卦名，易山風蠱。

蟋 入

息七切，音悉，蟋蟀也。又所櫛切，音瑟，與𧒒同。𧒒𧍐促織也。蟋蟀

蟋蟀似蝗而小，正黑，有光澤如漆，有翅及角，善跳好鬬，立秋後則夜鳴。又名促織。

蟀 入

朔列切，音率，蟋蟀註詳上。

蟀說文作𧍐，𧒒𧍐促織也，一名吟蛩，又名蜻蛚。

蝌 平

苦禾切，音科，蝌蚪，蝦蟇子也，本作科。蝌蚪

蝌蚪狀如河豚，頭圓大而尾細，古文似之。身上青黑色，始出有尾無足，稍大則尾脫足生。

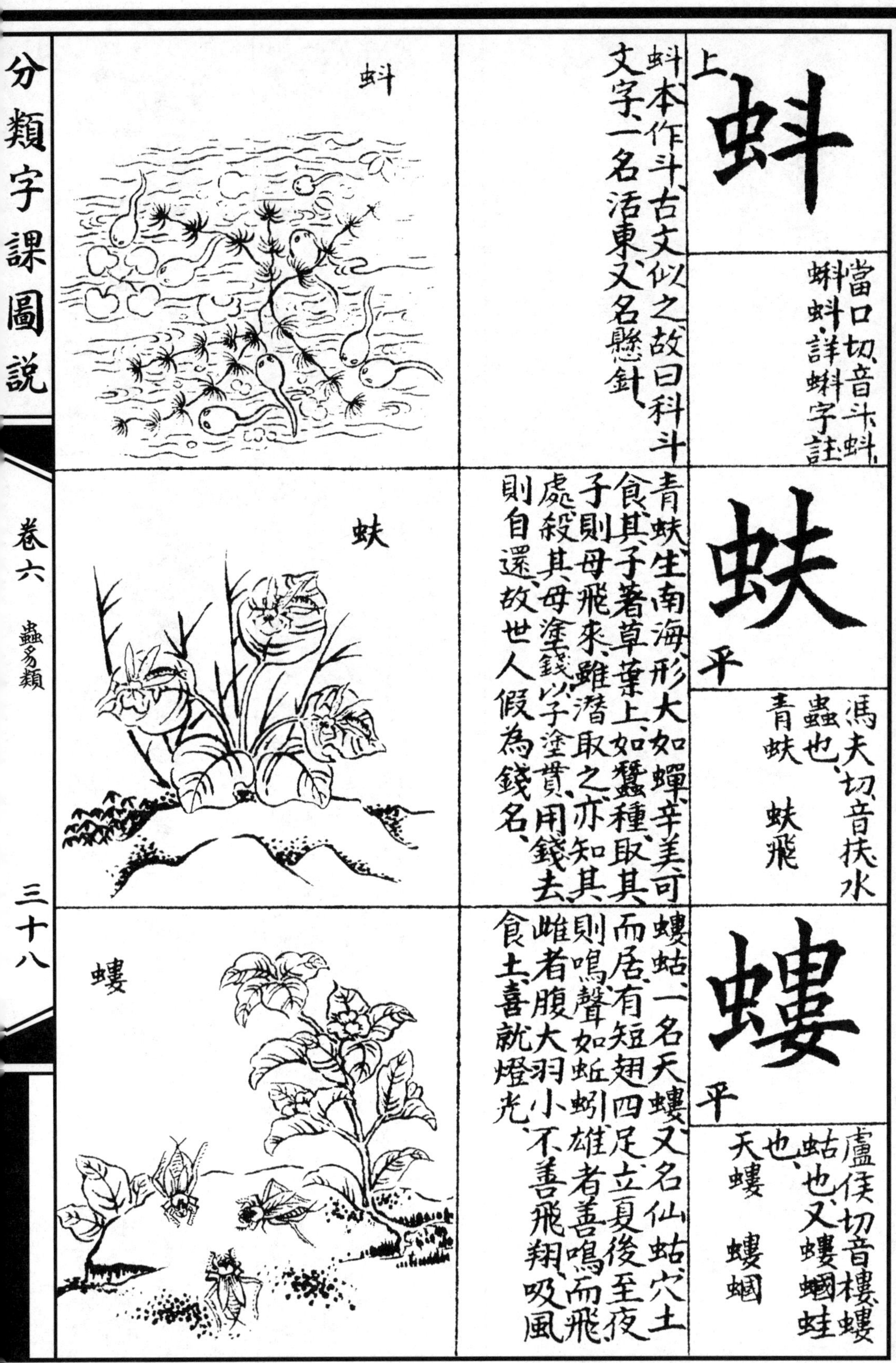

蚪 上

當口切、音斗、蚪、蝌蚪、詳蝌字註、

蚪本作斗、古文似之、故曰科斗文字、一名活東、又名懸針、

蚪

蚨 平

馮夫切、音扶、水蟲也、

青蚨 蚨飛

青蚨生南海、形大如蟬、辛美可食、其子著草葉上、如蠶種、取其子則母飛來、雖潛取之、亦知其處、殺其母塗錢、以子塗貫、用錢去則自還、故世人假為錢名、

蚨

螻 平

盧侯切、音樓、螻蛄也、又螻蟈、蛙也、

天螻 螻蟈

螻蛄、一名天螻、又名仙蛄、穴土而居、有短翅四足、立夏後至夜則鳴、聲如蚯蚓、雄者善鳴而飛、雌者腹大羽小、不善飛翔、吸風食土、喜就燈光、

螻

蜰 平

符非切、音肥、蜰蟲、即臭蝨也、

蠦蜰

蜰、負盤、臭蟲也、淫氣所生、害人衣物、嚙人肌膚、其氣臭惡、其形似鼈、故又名鼈蟲、

蚤 上

子皓切、音早、跳蝨也、

跳蝨　蚤虱

蚤、嚙人跳蝨也、大腹穹背、色黑褐、善跳躍、嚙人為害、得蚤者莫不糜之齒牙、為害身也、又與早通、孟子、蚤起施從良人之所之、是也、

蝨 入

色櫛切、音瑟、蟣蝨也、俗作虱、非、

蟣虱　蝨子

蝨、嚙人蟲也、俗傳生于皮膚毛竅中、其實皆因不潔而生、人物皆有之、但形各不同、始由氣化、而後乃遺卵出蟣也、

蟻 平

魚綺切、音艤、螻蟻、俗呼螞蟻、
綠蟻　蟻陣

蟻、說文作螘、蚍蜉也、其大者別名蚍蜉、爾雅云、蚍蜉、大螘是也、小者名螘、其有翅而飛者名𧒍、即飛螘也、

蛄 平

攻乎切、音孤、螻蛄也、
仙蛄　蛄螻

螻蛄註詳上、又蟪蛄、似螻蛄而小、春生者夏死、夏生者秋死、故莊子云、蟪蛄不知春秋、

蟫 平

夷斟切、音淫、衣書中蟲也、
蠹蟫　白蟫

蟫、白魚也、蠹衣帛書紙、其形似魚、尾分二岐、始生青色、老則有白粉、視之如銀、故名白魚、亦名蠹魚、

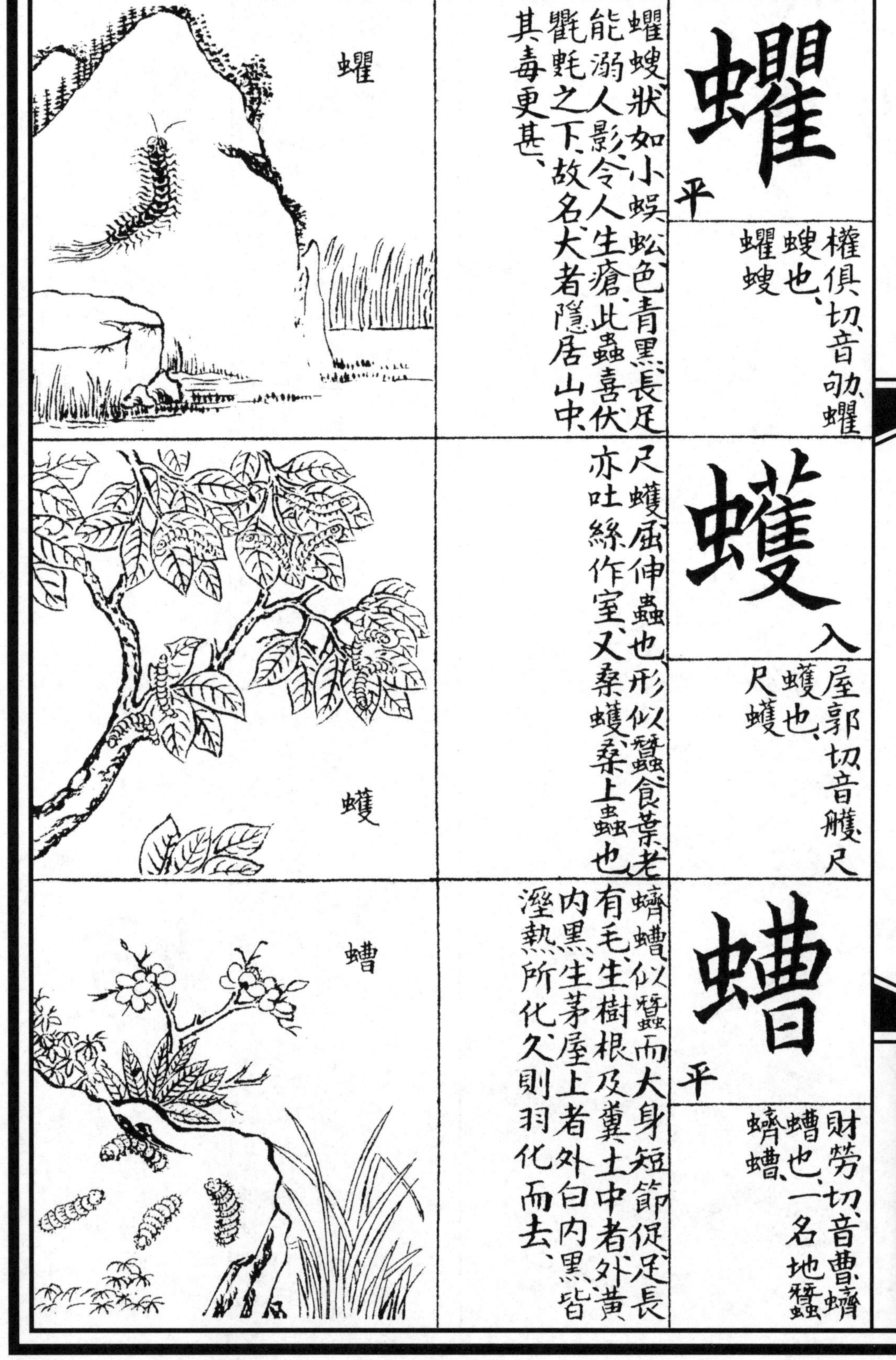

蠼 平

權俱切、音劬、蠼螋也、蠼螋

蠼螋狀如小蜈蚣、色青黑、長足能溺人影、令人生瘡、此蟲喜伏氍毹之下、故名、大者隱居山中、其毒更甚、

蠖 入

屋郭切、音臒、尺蠖也、尺蠖

尺蠖屈伸蟲也、形似蠶、食葉、老亦吐絲作室、又桑蠖、桑上蟲也、

螬 平

財勞切、音曹、蠐螬也、一名地蠶、蠐螬

蠐螬似蠶而大、身短節促、足長有毛、生樹根及糞土中者、外黃內黑、生茅屋上者、外白內黑、皆溼熱所化、久則羽化而去、

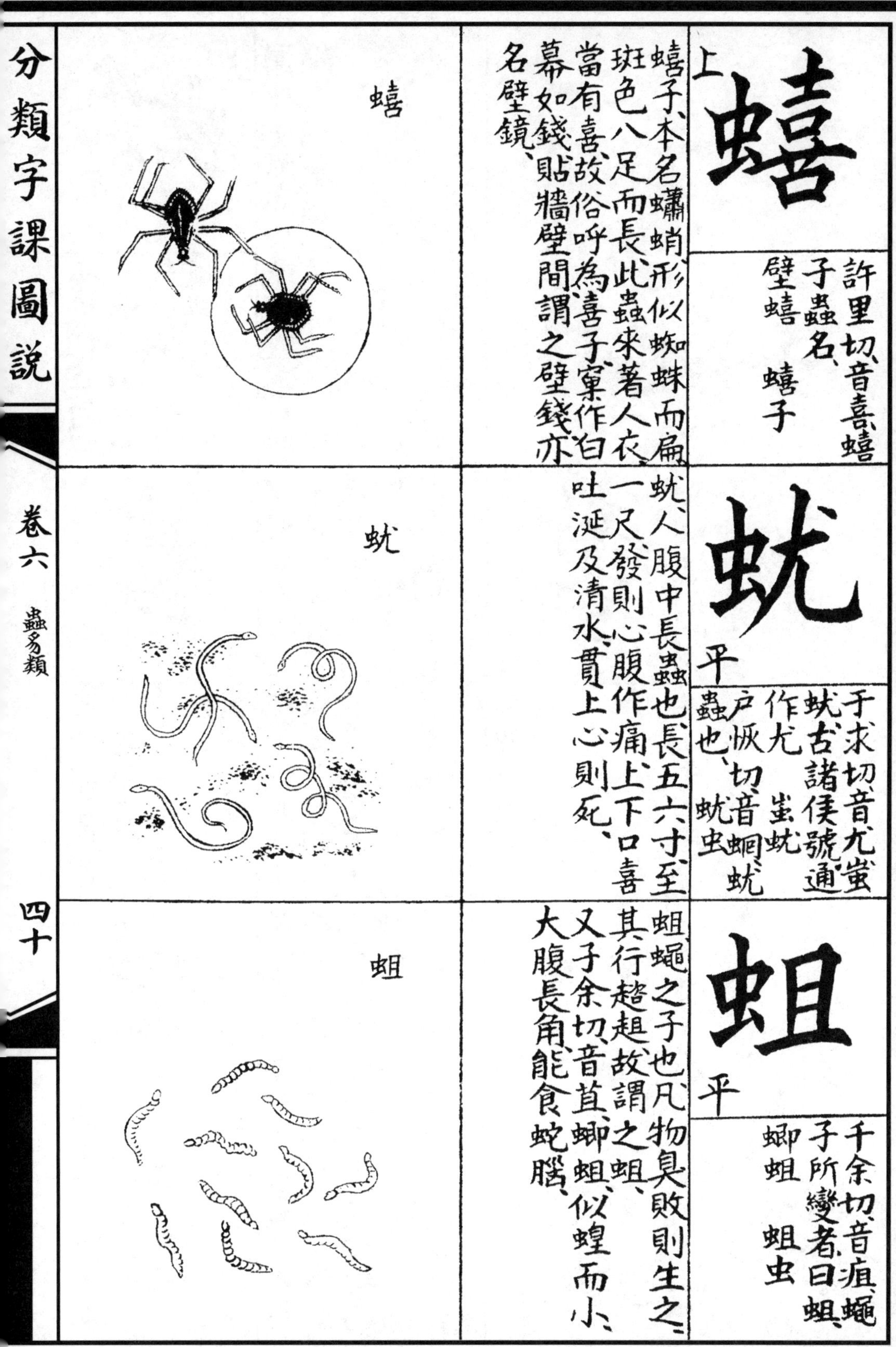

蟢 上

許里切，音喜。蟢子，蟲名。

壁蟢　蟢子

蟢子，本名蠨蛸，形似蜘蛛而扁，斑色，八足而長。此蟲來著人衣，當有喜，故俗呼為喜子。窠作白幕，如錢，貼牆壁間，謂之壁錢，亦名壁鏡。

蚘 平

于求切，音尤。蚩蚘，古諸侯號，通作尤。　蚩蚘

戶恢切，音蛔。蚘，蟲也。　蚘虫

蚘，人腹中長蟲也，長五六寸至一尺，發則心腹作痛，上下口喜吐涎，及清水，貫上心則死。

蛆 平

千余切，音疽。蠅子所變者曰蛆。

蝍蛆　蛆虫

蛆，蠅之子也。凡物臭敗則生之。其行趦趄，故謂之蛆。又子余切，音苴。蝍蛆，似蝗而小，大腹長角，能食蛇腦。

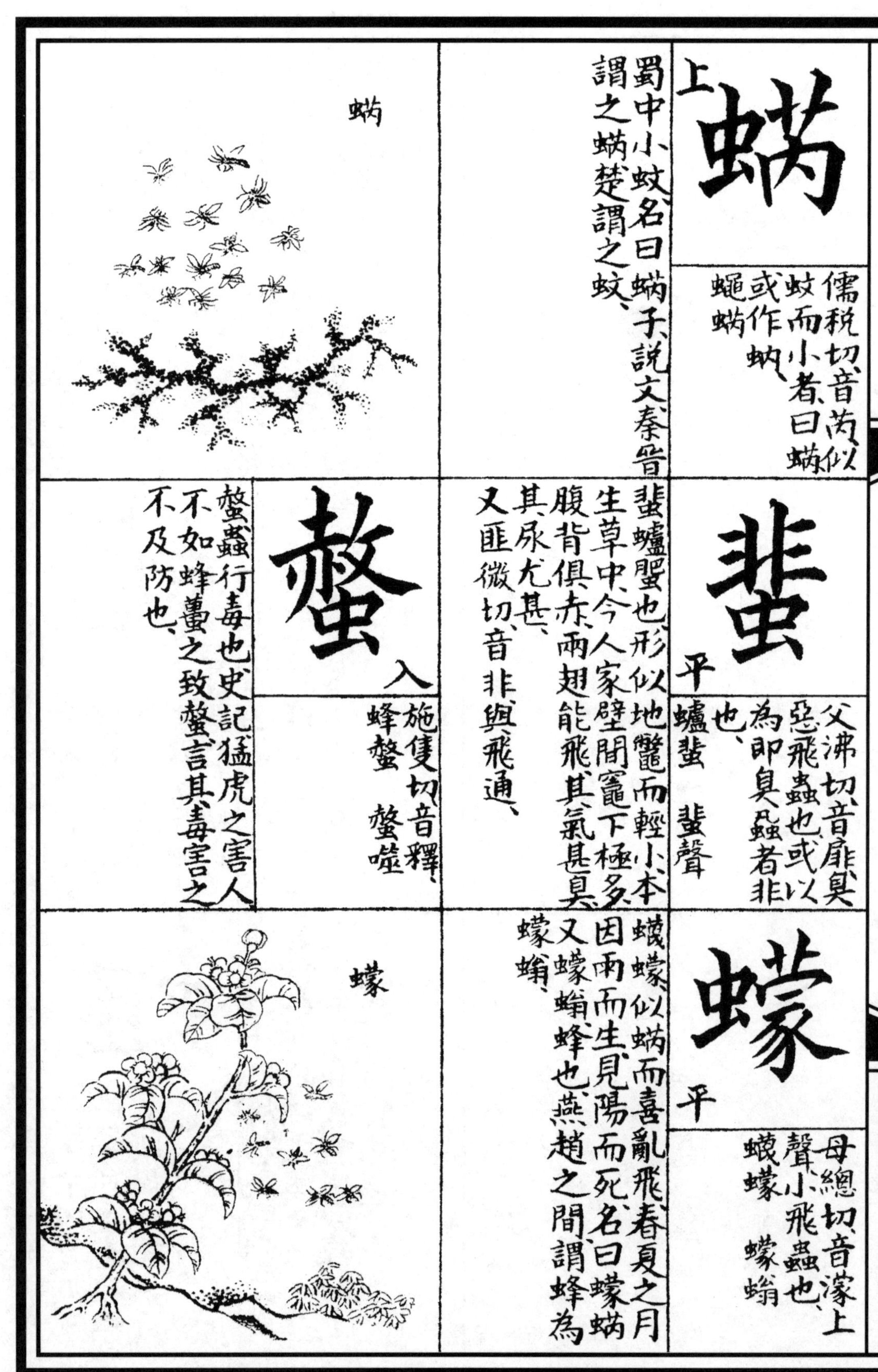

蜹 上

儒税切，音芮，似蚊而小者曰蜹，或作蚋。

蝇蜹

蜀中小蚊名曰蜹子，説文秦晋謂之蜹，楚謂之蚊。

蜚 平

父沸切，音扉，臭惡飛蟲也，或以為即臭蟲者非也。

蠦蜚　蜚聲

蜚蠦蜰也，形似地鼈而輕小，本生草中，今人家壁間竈下極多，腹背俱赤，兩翅能飛，其氣甚臭，其尿尤甚。又匪微切，音非，與飛通。

螫 入

施隻切，音釋。

蜂螫　螫噬

螫，蟲行毒也。史記猛虎之害人不如蜂蠆之致螫，言其毒害之不及防也。

蠓 平

母總切，音濛上聲，小飛蟲也。

蠛蠓　蠓螉

蠛蠓似蜹而喜亂飛，春夏之月因雨而生，見陽而死，名曰蠓蜹。又蠓螉，蜂也，燕趙之間謂蜂為蠓螉。